그건 내 인생이 아니다

그건 내 인생이 아니다

우리가 포기하지 말아야 할 것은 무엇인가

서동일 지음

프레너미
FRENEMY PUBLISHING

당신의 꿈은 무엇인가?

불가능한 꿈을 꾸는 몽상가가 되어라.

인류 문명은 꿈을 꾸는 인간의 능력 덕분에 가능했다.

탁월함을 만드는 원동력인 꿈을 꾸라.

꿈을 실현함으로써 다시 존재하라.

차례

20세기 내비게이션은
버려라

16년이다. 초등학교부터 대학교까지 돈과 시간과 노력을 퍼부었다. 12년 동안 방과 후에 학원 차에 실려 다녔다. 4년 동안 아르바이트를 하면서 학점을 관리하고 토익 점수를 올리고 어학연수도 다녀왔다. 그 많은 '노오오력'과 투자는 단 하나의 목표를 향했다.

많은 연봉을 주는 안정된 직장. 이것이 부모님과 기성세대가 입력시킨 '정답'이다. 노력의 양과 질, 투자금의 액수는 각자 다르지만 16년의 시간과 수천만 원의 교육비를 투자했으면 그에 맞는 직장을 가질 수 있어야 한다. 억대 연봉까지는 기대하지도 않는다. 완벽한 자아실현은 바라지도 않는다. 소박하나마 미래를 설계할 수 있는 직장은 얼마든지 잡을 수 있어야 한다. 그래야 '정답'의 이름값을 할 수 있다.

그러나 현실은 참혹하다. 대학 졸업생에게는 취업준비생이라는 또 다른 과정이 기다리고 있다. 다시 시간과 돈을 투자해 바늘구멍 같은 취업문을 향해 일제히 달려간다. 취업의 좁은 문을 통과하지 못한 다수는 높은 장벽에 부딪혀 상처 입는다. 서류에서 떨어지기를 수십 차례, 면접에서 떨어지기를 또 십 수 번. 그렇게 해서 들어간 직장은 충분히 높은 연봉을 주지도 않고 충분히 높은 안정성을 보장하지도 않는다. 극소수를 제외하고는 취업을 하더라도 자기 인생에서 포기해야 할 것들을 꼽아봐야 한다. 생존 이외의 모든 것을 포기하는 청춘들도 많다. 안타깝게도 생존마저 포기해버리는 청춘들도 적지 않다.

16년 동안 바라보고 달려온 길은 과연 정답인가? 1% 외에 나머지 99%는 40대에 잘릴 걱정을 해야 하는 직장, 겨우 10여 년 일할 수 있는 직장을 과연 안정적이라고 할 수 있는가? 10년을 일해도 집 한 채 장만하기 어려운 연봉은 기대만큼 높은 것인가?

나는 2006년부터 9년 동안 5개의 회사에서 직장생활을 하다가 2015년에 창업을 했다. 그 기간 동안 내가 한 선택들은 '정답'이 아니었고 따라서 환영받지 못했다. 어머니는 한숨을 쉬셨고 친구들은 철없는 놈이라고 손가락질했다.

나는 이른바 유학파다. 중학교 때 캐나다에 가서 대학까지 졸업했다. 영어는 제2의 모국어이고 졸업한 대학도 캐나다에서 다섯 손가락 안에 드는 주립대학이다. 나와 비슷한 스펙을 가진 친구들은 대기업이나 외국계 기업에 들어갔다. 그런데 나는 연봉 2,000만 원을 받는 게임회사에 들어갔다. '정답'을 쫓는 사람들은 그 길은 잘못된 길이라고 했다.

내내 정답이 아닌 길로 간다는 비난 아닌 비난을 듣다가 페이스북을 그만둘 때는 미쳤다는 소리까지 들었다. 2014년 3월, 공동창업자로 참여했던 가상현실Virtual Reality 기기 제조업체 오큘러스가 페이스북에 팔렸다. 우리 돈으로 약 2조3천억 원, 설립한 지 1년 6개월 만이다. 자본을 투자하지 않은 내 지분은 1%가 되지 않았다. 그 지분의 가치가 150억 원이었다. 그중 80억 원은 일시불로 받았고 나머지 70억 원은 5년을 더 일하면 받는다는 옵션이 걸렸다. 가족들은 기뻐했고 대기업에 다니는 친구들은 부러움을 가득 담아 축하를 해주었다. 8년 만에 연봉 2,000만 원짜리 게임회사 직원에서 연봉 1억 8천만 원을 받는 페이스북의 자회사 오큘러스 VR의 한국지사장이 되었다. 그들이 말한 '잘못된 길'이 만들어낸 결과다.

남들은 대성공이라고 하는데 나는 페이스북에서 1년 정도 일한 뒤 퇴사했다. 이로써 70억 원도 받지 못하게 되었다. 모두들 가고 싶다는 기업을, 연봉을 그렇게 많이 주는 직장을 왜 그만두느냐고 했다. 연봉도 연봉이지만 4년만 버티면 70억 원이 들어오는데 제정신이냐고 했다. 1억이면 상위 1% 연봉이라고 한다. 70억이면 연봉 1억을 받는 사람이 70년 동안 한 푼도 쓰지 않고 모아야 하는 돈이다.

2019년까지 페이스북에서 버틴 다음, 나머지 70억까지 받고서 40대 중반에 150억 부자가 되는 것이 사람들이 말하는 정답이었다. 그러면 죽을 때까지 40년 정도 남았다고 치고 연간 1억씩 써도 100억을 자식들에게 물려줄 수 있다. 하지만 이건 돈을 장롱에 넣어두고 쓸 때의 계산일 뿐이고 실제는 다르다. 나는 70억 원을 받지 않고서도 매달 천만 원씩 꼬박꼬박 나오는 자산을 마련했다. 원금에 손을 대지 않고서도 연간 1억 이상 쓰면서 우리 네 식구 풍족하게 먹고살 수 있게 되었다. 댓츠 잇. 이만하면 충분하지 않은가. 물론 '정답의 가치관'으로 보면 이처럼 황당하고 미친 선택이 없다.

도대체 나는 무엇을 포기한 것일까. 페이스북이라는 직장? 70억 원? 연봉 1억 8천? 나는 포기한 것이 아니라 선택한 것이다. 내 인생을 선택하고 내 꿈을 선택했다. 많은 돈을 벌었으니 그걸로 평생 먹고 산다? 별 의미도 없고 지루한 인생이다. 그것은 내 인생이 아니다. 70억보다, 1억8천의 연봉보다 내 인생 4년이 훨씬 더 소중했고 그것은 지금도 마찬가지다. 내 인생을 돈에 파는 짓은 하지 않을 것이다. 남들은 나보고 부자라고 하고 성공했다고 말하지만 나는 아직 성공도 하지 않았고 부자도 아니다. 이제 겨우 내 꿈을 완성하기 위한 밑그림을 그렸을 뿐이다.

사람들은 내 선택이 황당하다고 했다. 그렇게 살면 안 된다고 했다. 그들의 기준은 돈이었고 내 선택의 기준은 꿈이었다. 꿈의 맥락에서 벗어나는 것이면 연봉이 많아도 선택하지 않았고 꿈의 맥락에 있는 것이면 연봉과 안정성은 고려하지 않았다. 반대로 지금 청춘들은 하나같이 높은 연봉과 안정성을 기준으로 모든 선택을 하지만 역설적이게도 연봉은 낮고 불안정한 생활을 하고 있다. 돈과 안정을 위한 선택이 오히려 대다수 청춘들을 위기로 내몰고 있다.

사람들이 직장을 보는 관점은 두 가지다. 얼마나 안정적이냐, 얼마나 많은 연봉을 주느냐. 내가 안정과 돈을 포기할 때마다 사람들은 걱정하고 손가락질했고, 결과적으로 그 선택이 그들이 생각하는 직장의 가치와 맞아질 때는 박수를 쳤다. 그러나 내가 안정과 높은 연봉을 기준으로 직장을 선택했다면 지금과 같은 결과는 없었다.

나는 안정과 높은 연봉을 직장 선택의 기준으로 보는 것이 낡은 가치라고 생각한다. 이 시대에 맞지 않는 가치다. 방향이 맞지 않으면 열심히 노력해도 길이 보이지 않는다. 최선을 다해 절벽으로 달려가는 꼴이다. 노력은 방향이 맞을 때 빛을 발한다.

올해는 2016년, 21세기가 시작된 지 15년이 지났다. 여러분의 두뇌에 장착된 내비게이션은 몇 세기의 지도를 담고 있는가? 혹시 생의 대부분을 20세기에서 살았고 그 시대에 직업과 인생에 대한 가치관을 확립한 부모 세대의 지도는 아닌가? 기성세대가 주입시킨 지도대로 왔는데 길은 정체되어 있다. 바늘구멍 같은 톨게이트를 지나도 미래는 시원하게 보장되지 않는다. 15년 전 빌 게이츠는 앞으로 10년의 변화가 과거 50년의 변화를 앞지를 것이라고 말했다. 부모 세대가 정답이라고 말했던 길은 그 변화를 담고 있는가?

지금 힘든 것은 여러분의 잘못이 아니다. 노력이 부족해서도 아니다. 굳이 잘잘못을 가려야 한다면 '왜 더 노력하지 않느냐'고 닦달하는 기성세대의 잘못이다. 질 좋은 일자리가 부족하기 때문이다. 뼈를 묻을 각오로 열심히 일하면 노후까지 보장되는 일자리가 극히 부족하기 때문이다. 나도 40대니까 그 책임에서 자유롭지 못하다. 나이를 먹을수록 책임은 더 무거워질 것이다. 이 책임을 지기 위해 내 사업은 성공해야 하고 더 많은 부를 쌓아야 한다. 그것으로 청춘들의 꿈을 지원하는 것이 내 꿈 중 하나이기 때문이다.

상황이 힘든 것은 부인할 수 없다. 그러나 불평한다고 상황이 달라지지는 않는다. 그리고 20세기의 내비게이션을 따라가도 달라지지 않는다. 환경이 바뀌었다. 환경이 바뀌면 전략도 달라져야 한다. 20세기의 내비게이션으로는 21세기를 살아갈 수 없다. 어떻게 해야 하는가?

일단 멈춤. 방향이 잘못되었으면 일단 멈춰야 한다. 그리고 자신을 돌아보라. 토익 점수, 높은 학점, 인턴 경험, 어학연수 등등 기업이 요구하는 인재가 되기 위한 노력을 멈추고, 더 이상 자기 인생에서 자신을 소외시키지 말고 자신을 돌아보라.

나는 내 인생의 4년이 70억보다 더 소중하다. 나는 내 인생을 그렇게 살기로 했다. 여러분에게도 묻고 싶다. 대기업 직원, 공무원이 여러분이 살고 싶은 인생인가? 그것이 여러분의 꿈과 같은 방향에 있다면 좋은 일이다. 그러나 그 방향이 월급과 안정이라면 아니다. 월급과 바꾸기에는 여러분의 인생은 너무나 귀중하다. 다른 방식의 인생을 원한다면 바로 그렇게 살아야 한다. 그게 청춘 여러분의 인생이라면 말이다.

그래서 어떻게 하라는 거냐고? 그래서 이 책을 쓰고 있다. 기성세대가 말하는 정답은 정답이 아니라는 말을 하기 위해서, 21세기형 내비게이션을 보여주기 위해서, 낡은 가치의 협박과 압박에서 절망하지 말고 새로운 가치로 이동하라고 말하기 위해서, 다시 꿈을 실천함으로써 존재하라고 말하기 위해서 이 책을 쓰고 있다.

내가 어떤 선택을 해왔는지, 왜 환영받지 못한 선택을 했는지 보여주는 것이 청춘들에게 하는 내 제안의 시작이다.

1

위기의 순간,
기막힌 선택

위기의 얼굴은
익숙하고 편안하다

사회생활 고작 10년차다. 이름 없는 게임회사 '따위'가 첫 직장이었다. 그 사이 4번의 사직서를 썼다. '좋은 회사에 들어가서 진득하게 오래 일해야 한다'는 기존의 성공공식에 따르면 나는 절대로 성공할 수 없는 사람이다. 성공은 커녕 제 앞가림도 못하는 상태여야 한다. 그런데 나는 적지 않은 연봉을 받았고 적지 않은 돈을 벌었고 지금은 '볼레 크리에이티브VoleR Creative'라는 회사를 창업해 대표이사로 있다. 국내외에서 일주일에 몇 번씩 강연을 해달라는 요청을 받고 있고 유력 정당의 입당 제안을 받기도 했다. 문화체육관광부와 미래창조과학부가 진행하는 가상현실 사업에 대한 자문 역할도 하고 있다.

부모님도 이런 말씀을 하신다.

"그때 너 게임업계 안 보냈으면 이런 일이 없었겠지?"

지난 10년간 '이런 일'을 가능하게 한 내 선택들은 환영받지 못했다. 첫 직장부터 그랬다. 비슷한 스펙을 가진 내 친구들이 받은 초봉의 절반밖에 안 되는 연봉, 거기다 게임회사였다. 첫 직장이 중요하다고 말한다. 마치 첫 직장이 이후의 모든 커리어를 결정하는 듯이 말한다. 그것이 어떤 큰 그림의 과정일 수 있다는 점은 생각하지 않는 것 같다.

나의 부모님도 그랬다. 낮은 연봉, 게임회사, 거기다 게임마스터라는 들어본 적도 없는 직업이라니. 당시 어머니는 크게 내색하지는 않으셨지만 친구들을 만났을 때 아들의 직장에 대해 말하기가 참 궁색하셨을 것이다. 어머니가 어떻게 포장을 해도 '네 아들은 비싼 돈 들여서 유학 보냈더니 졸업하고 나서 한다는 게 겨우 연봉 2천에 이름도 없는, 그것도 게임회사에서 듣도 보도 못한 게임마스터를 하고 있다면서?'라는 반응이 나왔을 게 뻔하다. 말씀은 하지 않으셨지만 억장이 무너지셨을 것이다.

아버지는 초등학교 교장 선생님이셨고 어머니도 초등학교 교사셨다. 두 분에게 게임이란 학생들이 절대로 가까이 해서는 안 되는, 예전 말로 하면 호환마마보다 무서운 것이었다. 학생은 그저 공부하고 남는 시간이 생기면 밖에서 뛰어놀아야 한다. 학교에서 학생들을 그렇게 훈육해왔는데 자기 아들이 그 호환마마를 아이들에게 퍼뜨리는 일을 한다고 하다니. 집안을 일으켜 세우라고 유학까지 보낸 아들이 엉뚱한 길로 가고 있으니 그 실망감은 크고도

깊었을 것이다. 그래도 다른 직장을 알아보라는 말씀은 하지 않으셨다.

좋은 직장이라고 일컫는 곳에, 모름지기 직장이란 그래야 한다고 여겨지는 곳에 취직한 친구들도 다르지 않았다. 2학년 때 학사경고를 맞고 유급된 일이 있긴 했지만 이후의 성적은 좋은 편이었다. 어떤 친구는 진심으로 '너는 잘될 거라고 생각했는데 왜 이 모양 이 꼴로 있느냐'고 걱정했다.

"내가 딴 데 알아봐줄까?"

이렇게 말하는 친구도 있었지만 내 대답은 언제나 같았다.

"싫은데, 재밌는데."

그러면 여지없이 '저 녀석 아직 철이 덜 들었어. 언제 철 드냐'는 반응을 보였다. 나는 굳이 말할 필요도 없었고 말해봐야 알아듣지도 못할 것 같아서 더 이상 설명하지 않았다.

'우리 회사에서 해외 서버를 관리하는 게임마스터로 일해보지 않겠느냐'는 제안을 덥석 받아들인 데는 두 가지 이유가 있었다.

첫째, 나 같은 해외파가 게임회사 갈 리 없다는 것이었다. 게임회사는 연봉도 적고 근무환경도 좋지 않다. 지금은 큰 회사들이 많아서 좋아졌지만 그래도 대다수는 아직도 열악하다. 다들 대기업이나 외국계 기업에 취직해 좀 더 좋은 스타트 포인트를 가진 직장을 잡으려고 한다. 그들은 게임회사를 거들떠보지도 않는다. 그렇다면 나는 회사 내에서만이 아니라 게임업계 전체에서 굉장히 독특한 인재가 될 수 있다.

두 번째는 게임산업의 미래였다. 지금은 무시당하고 있지만 미래에는 상당히 큰 파급력을 가질 것이다. 생각해보면 그렇다. 어머니는 〈로마의 휴일〉, 〈로미오와 줄리엣〉처럼 지금은 명작으로 평가되는 영화를 보러 갈 때 외할아버지에게 '다리몽둥이가 부러질 각오'를 해야 했다. 그것은 문화가 아니었다. 딴따라들이나 하는 불경스러운 것이었다. 지금 영화를 그렇게 생각하는 사람은 아무도 없다. 영화는 국가에서 지원하고 떠받들어주는 문화상품이고 영화배우는 동경의 대상이다.

게임도 그렇다. 부모 세대가 이해하지 못할 뿐이지 게임은 기술과 예술의 종합적인 엔터테인먼트다. 우리 세대가 어릴 때 부모 몰래, 선생님 몰래 동전 몇 개 넣고 하던 게임이 엄청난 산업으로 성장했다. 넷마블, 넥슨에 이어연간 매출 1조 원을 넘보는 게임회사들이 여럿이다. 톱클래스의 배우와 가수들이 게임 광고에 출연하고 있는 것만 봐도 달라진 게임의 위상을 알 수 있다.

무엇보다 가장 중요한 이유는 나 자신이 게임을 너무 좋아한다는 사실이다. 대학 때 게임에 빠져서 학사경고를 받은 바 있는 나다. 게임은 당시 나에게 일종의 도피처였지만 판타지 같은 그 세상이 너무 좋았다. 산업적으로도 전망이 밝고 거기서 독특한 인재가 될 수 있으니 기회가 많을 것이다. 그리고 내가 좋아하는 분야다. 이런 생각에 난 어떤 망설임도 없이 게임회사를선택했다.

당시 나를 비웃거나 한심하게 생각했던 친구들은 내가 게임업계로 들어온 지 불과 2년 만에 나를 부러워하기 시작했다. 대기업에 취업한 대부분의 친구들은 지금 과장이거나 차장이다. 중소기업에서 조금 빠르게 승진한 친구들은 부장이 되었다. 동료들과의 경쟁에서 선두에 서지 못하면 곧 '사오정(45세 정년)' 신세가 되는 나이다. 시차가 있을 뿐 좋은 직장에 들어갔던 그들은 새로운 경력을 준비해야 한다. 그런데 나는 이제 시작이다. 내가 꾸는 꿈에 비하면 이제 첫걸음을 뗀 것이나 다름없다.

대기업에 지원했다가 번번이 떨어져서 어쩔 수 없이 게임회사에 들어갔다면 열등감 때문에 친구들을 만나지 않았을지도 모른다. 그러나 나는 내 미래를 보고 내 미래의 가치를 선택한 것이니 열등감은 전혀 없었다. 사회에서 나를 평가하는 잣대는 나에게 전혀 중요하지 않았다. 중요한 것은 오로지 나의 꿈이었다.

남들은 내가 대기업에 가지 않은 것이 인생의 진로를 삐뚤어지게 만드는 위험이라고 여겼다. 그러나 내 생각은 오히려 반대였다. 내가 사람들이 생각하는 가치대로 직업을 선택했다면 그것이 내 인생의 가장 큰 위험이었을 것이다. 그리고 게임회사에 들어간 것이 가장 기막힌 선택이었다.

직업을 보는, 인생을 보는 낡은 가치를 버려야 한다. 초등학교 때부터, 아니 그 이전부터 우리는 부모 세대의 가치를 이식받았다. 그리고 한창 꿈을 꾸어야 할 나이에 꿈을 버리도록 강요받았다. 곰곰이 자신을 돌아보라. 언제부터 여러분의 꿈은 연봉을 많이 받는 대기업 직원이었는가? 언제부터 잘릴 걱정 없는 공무원이 되기를 꿈꾸었는가?

다시 꿈을 꾸어야 한다. 연봉과 안정은 꿈이 될 수 없다. 대기업에 들어가서 자기 꿈을 실현할 수 있지만 대기업 입사는 꿈이 될 수 없다. 공무원이 되어서 자기 꿈을 실현할 수 있지만 공무원 자체가 꿈이 될 수는 없다.

사람들이 생각하는 것처럼 위기의 얼굴은 험상궂지 않다. 위기로 들어가는 길이 험난해 보이거나 그리로 가는 사람이 몇몇에 불과하다면 위기는 전혀 유혹적이지 않을 것이다. 오히려 위기는 온화하고 편안하면서 익숙한 얼굴이다. 너무나 많은 사람들이 그 길로 가고 있어서 설마 위험하겠느냐는 생각이 들게 한다. 무엇보다 나를 아끼는 사람들, 내 주위에 있는 사람들이 모두 다 위기로 가는 길이 정답이라고, 그것이 안전한 길이라고 조언해준다면 거기서 벗어나기는 쉽지 않다. 때때로 우리를 아끼는 사람들이 우리를 잘못된 길로 안내하기도 한다. 그들은 분명 선의다. 조금의 악의도 없다. 그러나 그들이 낡은 가치를 가지고 있다면, 미래를 살아야 할 우리들에게 과거의 가치로 살아갈 것을 권유하고 있다면 어떤가. 기회의 얼굴은 무표정하거나 험상궂다. 한 발 내딛는 것조차 어려울 만큼 험난해 보인다. 그래서 많은 사람들이 기웃거리기만 하다가 많은 사람들이 가는 위기의 길로 간다. 기회는 낯설고 불편한 얼굴이다. 저기에 무슨 기회가 있겠느냐는 생각이 들게 한다. 시간이 지난 다음에야 편안해 보이던 길은 위험으로 이끄는 미끼였음을 알게 되고, 낯설고 불편한 길은 의지를 시험하는 것이었음을 알게 된다.

해보지 않으면
모른다

게임회사에 고작 1년 3개월을 다니고 정부 산하기관인 한국게임산업진흥원(현 한국콘텐츠진흥원)에 들어갔다. 연봉은 크게 달라지지 않았다. 그래도 어머니의 불만 중 절반은 해소가 되었다. 이제는 누가 아들의 안부를 물으면 '정부 산하기관에서 일해.'라고 말할 수 있게 된 것이다.

　　게임회사에서 내 일은 게임마스터이기도 했지만 대표와 출장을 다니면서 우리 게임을 수출하는 일도 했다. 해외에 네트워크를 만들고 계약서를 검토하면서 게임시장을 미시적으로 경험하게 되었다. 그러나 전체의 판세를 읽기에는 부족함이 있었다. 진흥원은 한국의 게임을 해외에 알리고 한국에 진출하려는 외국 기업을 돕는 기관이다. 이 일을 하려면 한국 게임시장과 해외 게임시장의 흐름을 알고 있어야 한다. PC 게임뿐만 아니라 콘솔 게임, 모바일 게임시장도 봐야 하고 다양한 플랫폼에 대한 지식도 필요하다.

국내외 업계 전체를 거시적으로 볼 수 있는 자리다. 월급도 중요하지 않았고 안정적인 직장도 중요하지 않았다. 좀 오만할 수도 있지만 개별 게임회사에서 1년 동안 일해봤으니 이제는 게임시장을 거시적으로 보고 싶다는 생각이었다. 그런 기회를 보던 차에 진흥원 채용공고가 난 것이다.

'안정적인 정부 산하기관'에서 1년 4개월을 일했을 무렵, 당시 스케일폼ScaleForm의 브랜든 이리브Brendan Iribe에게서 흥미로운 제안을 받았다. 스케일폼은 게임의 유저인터페이스를 손쉽게 만들 수 있는 프로그램을 판매하는 업체로 브랜든이 CEO로 있던 기업이었다. 사실 브랜든의 인상은 한동안 별로였다. 나도 주변 지인들에게 가끔 듣는 이야기지만 그는 상당히 가볍고 진중한 맛이라고는 없어 보였다. 자기보다 나이가 어리다고 하면 한 수 아래로 보는 심리도 작용했으리라. 2007년에 있었던 'G-STAR'라는 게임쇼에서 처음 만났는데 그때는 긴 이야기를 하지 않았다. 많은 사람들 중 하나였고 기억에 남을 만큼 강한 인상을 주지 않았다.

그런 그가 어느 날 스케일폼을 한국에 론칭하고 싶다면서 진흥원을 찾아왔고 나는 통역으로 불려갔다. 하던 대로 열심히 통역을 해주었다. 그 후에 브랜든이 또 진흥원을 찾아왔다. 이번에는 다른 부서였는데 하던 대로 또 내가 통역으로 갔다. 이후에도 몇 차례 다른 부서에서 통역과 방문자로서 브랜든을 만났다.

그런 일이 있은 후에 몇 번 한국에 왔는데 그때마다 술이나 한잔하자고 했다. 호텔 바 같은 비싼 술집으로만 불렀다. 클럽에서 만난 때도 있었다. 약간 날라리 같았다. 나는 비싼 술을 공짜로 먹으면서 묻는 말에 대답을 해주었다. 그냥 심심하기도 하고 진흥원에서 일하는 직원과 친해지려는 의도밖에 없다고 생각했다. 자기 사업에 대한 비전을 이야기할 때는 열정적이고 진중한 모습을 보여서 날라리와 진중하고 열정적인 사업가가 공존하는 사람이구나 생각했다.

그러던 중에 브랜든이 사람을 좀 소개해달라고 부탁했다. '한국에 스케일폼의 고객사가 몇 개 생겼는데 제품을 팔다 보니 한국도 괜찮은 시장 같아서 여기다 지사를 만들어서 사업을 하고 싶다. 그런데 영어와 한국어를 동시에 잘하고 게임산업도 이해하는 사람이 있었으면 좋겠다. 이왕이면 게임업계의 네트워크가 있는 사람이면 더 좋겠다'는 것. 공짜 술을 얻어 마셨으니 그 정도는 해주는 게 예의라고 생각했다. 그런데 그런 사람을 찾을 수가 없었다.

"브랜든, 당신이 원하는 스펙을 가진 사람을 찾아봤는데 없어요. 어쩌죠?"

"그래요? 그럼, 당신이 하면 어때요?"

그제서야 그동안 공짜 술을 얻어먹었던 게 아니고 나도 모르는 사이에 면접장에 나갔었다는 걸 알았다. 나는 영어와 한국어를 다 할 줄 안다. 게임 회사에도 다녔고 게임산업진흥원에서 일하고 있었다. 통역을 한다는 것은 단순히 언어만 번역해서 전달하는 게 아니라 해당 내용을 모두 이해하고 전달해야 하는 일이다. 그 때문에 다른 부서의 통역을 맡으며 게임산업 전반에 대한 이해도도 있었다. 사원이지만 국내 게임사 대표들을 이끌고 해외에 나가기도 했으니까 게임업계 대표들과의 네트워크가 있었다. 어쩐지 내 연봉을 묻고 앞으로 무얼 하고 싶은지 묻는다 했다. 영리한 브랜든은 나보다 먼저 이 사실을 알았고 같이 놀면서 몇 개월 동안 내 의중을 떠보고 있었던 것이다.

브랜든은 나더러 스케일폼의 한국지사장을 맡아달라고 했다. 지사장이라고 하니까 그럴싸해 보이지만 조건은 황당했다. 우선 연봉 8만 달러를 제시했다. 진흥원에서 받던 연봉의 서너 배였다. 여기다 한국 매출의 5%를 성과급으로 주고 약간의 지분도 준다고 했다. 여기까지만 보면 참 좋은 조건이지만 나머지는 의심을 사기에 충분했다.

'사무실 없음, 4대보험 없음, 직원 없음, 계약직임.' 줄 수 있는 것은 노트북과 프린터 한 대, 그리고 회사 계정 하나가 전부였다. 2008년, 내 나이 만 서른한 살이었다. 기성세대의 인생 시간표에 따르면 모험보다는 안정을 선택해야 하는 나이다. 그러나 나는 제안을 받고서 길게 고민하지 않았다. 충분히 흥미로웠고 새로운 지식을 쌓을 수 있는 일이었다. 그것으로 충분했다. 이미 결정을 내려놓고 어머니한테 이런 제안이 있었노라고 말씀을 드렸다.

"너 또 왜 그러니?"

어머니의 경험과 가치관에 따르면 그 제안은 사기일 확률이 아주 높았다. 연봉을 미화 8만 달러나 준다는 회사가 사무실도 없고 4대보험도 안 되는 계약직이고, 말이 지사장이지 직원도 없는 환경이라니. 게다가 그것을 제안한 사람이 잘 아는 사람도 아니고 몇 번 만나지도 않은 외국인이다. 잘 알지도 못하는 사람의 이상한 제안 때문에 그나마 안정적인 직장을 그만두려 한다는 것이 어머니의 판단이었다.

"엄마, 저는 아직 젊잖아요. 이거 정말 되면 어떡할 건데요? 사기 맞으면 다른 직장 알아보면 되지만 사기가 아니라고 하면 정말 좋은 조건이잖아요."

"그래도 사기면 어떡하니. 나는 내 아들이 사기당하는 거 싫다!"

"엄마, 해보지 않으면 모르는 거잖아요."

물론 어머니에게 이런 형태의 직장은 금시초문이었을 터이다. 익숙한 것이 안정적으로 보이는 것은 사실이지만 익숙한 것이 안정적이라는 것은 사실이 아니다. 많은 청춘들이 익숙한 공식 속으로 들어가려고 애쓰지만 대다수는 불안하다. 불안해 보이는 일이라도 해보지 않으면 모른다.

일반적으로 회사가 제공해주는 사무실과 명함을 직접 마련하고 혈혈단신 제품을 팔러 다녔다. 진흥원에 있을 때 구축한 게임회사 대표들과의 네트워크가 큰 힘이 되었다. 하나에 3천만 원짜리 프로그램을 판다고 할 때, 실무자급에서 논의가 되면 결정권자까지 가는 데 수많은 산을 넘어야 한다. 그러나 나는 결정권자를 바로 만날 수 있었다. 한 방에 해결이 되는 것이다. 브랜든이 나에게 제안을 한 것도 바로 이런 이유였다. 얼마 지나지 않아 나 혼자

올린 스케일폼 코리아의 매출이 전 세계 매출의 25%를 차지했다.

당시 나에게 중요했던 것은 서너 배 뛰는 연봉이 아니었다. 연봉이 올라가는 것은 기분 좋은 일이지만 게임산업의 새로운 면을 배울 수 있다는 것이 선택의 이유였다. 첫 직장에서는 개별 기업이 돌아가는 생리를 배웠다. 진흥원에서는 게임산업 전체가 돌아가는 것을 배웠다.

스케일폼은 미들웨어middleware 기업이다. 게임 개발자들이 게임을 개발하는 데 필요한 툴을 만드는 회사다. 결정권자는 각 게임회사의 대표들이지만 그 제품을 소비하는 사람, 즉 나의 실질적인 고객은 게임 개발자들이었다. 그전까지는 게임 개발 상황에 대해서는 잘 몰랐다. 덕분에 게임 개발자들의 고충을 알게 되었고 필요한 네트워크를 쌓을 수 있었다. 진흥원에서는 술을 마셔도 사업가들하고만 마셨는데 이제는 개발자들하고 먹을 수 있는 '기회'가 만들어졌다.

내가 첫 직장에 오랫동안 수출과 관련된 업무를 했다면 딜 메이커deal maker가 되었을 것이다. 그런데 진흥원으로 옮기면서 큰 그림, 트렌드를 읽을 수 있는 눈을 가지게 되었다. 진흥원에 계속 있었으면 게임업계를 잘 아는 준공무원이 되었을 것이다. 월급은 적어도 게임사들에게 큰소리는 치는 맛으로 살 수도 있었으리라. 그런데 또 스케일폼으로 옮기면서 개발자들의 상황을 알게 되었다. 월급, 지사장, 4대보험 등은 중요하지 않았다. 재미가 보이는 일, 나를 흥분하게 하는 일이었고 지금까지 내가 몰랐던 부분을 알게 해줄 거라는 확신이 있었다. 그것이 이직의 사유였다.

2011년 3월, 2년 반 정도 일하고 있을 때 스케일폼이 오토데스크 AUTODESK에 인수합병 되었다. 단번에 사무실, 4대보험, 직원이 생겼다. 혼자 북 치고 장구 치고 하던 스케일폼 한국지사장에서 오토데스크 코리아 게임웨어 사업총괄 부장이 되었다.

이로써 어머니의 나머지 50% 불만도 해소되었다. 연봉은 기본급 1억에 판매 인센티브까지 2억 정도 되고 다니는 회사도 글로벌 기업이다. 오토데스크를 모르는 사람에게라도 '오토캐드AutoCAD'를 만드는 회사라고 하면 대부분은 알았다. 드디어 어머니는 이렇게 말할 수 있게 되었다.

"우리 아들? 글로벌 기업에서 최연소 부장으로 일하고 있는데 연봉은 2억쯤 된다나봐."

나를 걱정하고 한심스러워하던 친구들은 연봉 8천만 원일 때부터 부러워했다. 그러다가 오토데스크의 부장이 되고 나니 부러운 마음을 나에게서 얻어먹는 공짜 술로 달래려고 했다. 그러나 이 기간은 그렇게 길지 않았다. '부장님'이라는 호칭이 지겨워지던 2012년 8월, 새로운 사업을 시작했던 브랜든이 내 이름을 불렀기 때문이다.

"딜런, 딜런! 지금 한국에 들어왔는데 오늘 꼭 만나야겠어요."

불확실함은
잠재력이다

브랜든의 전화는 나를 설레게 하는 동시에 또 다시 어머니의 머리를 아프게 했다. 길지 않은 기간 동안 브랜든은 스케일폼을 매각한 자금으로 가이카이 Gaikai라는 회사에 투자한 후 소니에 매각한 상태였다. 하지만 그 역시 큰 회사에 얽매이기가 싫었던 것인지 또 다른 사업을 준비하고 있었다. 나에게 전화한 때는 매각 이후 협력사들과의 관계 정리를 위해 한국에 왔을 때였다.

전화를 받고 잠깐 고민했다. 그날은 중요한 클라이언트와 약속이 잡혀 있었다. 계약을 성사시키는 마지막 만남이었다. 양해를 구하고 브랜든을 만나러 갔다. 호텔에 갔더니 까만 상자가 테이블 위에 놓여 있었다.

"딜런, 놀라지 말아요. 이게 미래의 게임을 바꿀 겁니다!"

"뭔데 이렇게 수식이 거창해요? 이게 뭔데 미래의 게임을 바꿔요?"

브랜든은 마치 외계인의 물건이라도 되는 듯 조심스럽게 상자를 열었다. 미래의 게임을 바꿀 거라는 말이 무색하게 그 물건의 외양은 볼품없었다. 미래를 바꾸기는커녕 지금 구동되기나 하는 건지 의심스러웠다. HDMI(고화질 멀티미디어 인터페이스)와 마이크로 USB를 꽂을 수 있는 두 개의 포트, 핸드폰 크기의 액정, 전자회로가 주요 부품이었다. 이렇게 나열하는 것은 각각의 부품들을 모아놓은 것일 뿐 하나의 제품으로 보이지 않았기 때문이다. 전자회로는 뼈대가 그대로 드러나 있었고 각 부품들은 고물 라디오처럼 덕테이프로 덕지덕지 연결되어 있었다. 그것이 가상현실 기기인 오큘러스 리프트Oculus Rift 의 첫 시제품이었다.

"이게 뭔데요? 이게 어떻게 미래를 바꾼다는 거예요?"

그리고 잠시 후, 구동되는지조차 의심스러운 그 물건 때문에 내 손에서 땀이 났다. 브랜든이 그 볼품없는 기계를 내 머리에 씌우자 놀라운 광경이 펼쳐졌다. 사실 이 말은 적절한 표현이 아니다. 아직 가상현실을 경험하지 못한 사람들은 TV나 영화의 화면 이상을 상상하지 못한다. 최선을 다해봐야 3D 영화다. 가상현실은 이러한 화면과는 차원이 다르다. 3D 영화는 '눈앞에 화면이 펼쳐지는 것'에 불과하지만 가상현실은 사용자를 바로 그 '장소'로 데려간다. 브랜든이 준비한 '장소'는 높고도 아슬아슬한 곳이었고 고소공포증이 있는 나는 호텔에 있는 걸 아는데도 공포감에 손에서 땀이 났다.

'이건 뭐지? 이 느낌은 뭐지?'

내가 여전히 얼떨떨해하고 있을 때 브랜든이 물었다.

"어땠습니까?"

"완전히 색다른 경험이었어요."

"나는 이걸 제품화하고 싶어요. 그런데 딜런의 힘이 필요해요. 같이 합시다."

오큘러스 리프트는 가상현실을 보여주는 하드웨어다. 이 사업을 성공시키려면 세 가지 조건이 필요하다. 첫째는 빠른 반응속도와 고해상도를 가진 디스플레이를 수급해 좋은 기기를 만들어야 한다. 한국은 전 세계에서 둘째가라면 서러워할 고해상도 디스플레이를 잘 만드는 국가다. 둘째는 이 기막힌 기술을 제대로 써먹기 위한 전용 콘텐츠가 나와야 한다. 가상현실이 쓰일 수 있는 분야는 무궁무진하지만 게임이 1차적인 적용 분야가 될 수 있다. 한국은 지난 20여 년간 게임을 잘 만들 수 있다는 것을 증명한 나라이기 때문에 콘텐츠 수급에 유리하다. 나는 게임을 잘 만드는 사람들과의 네트워크를 가지고 있었다. 셋째는 좋은 기기를 잘 만드는 파트너가 필요한데 한국은 삼성전자와 엘지전자와 같이 전자제품을 가장 잘 만드는 회사들이 있는 나라다. 이 세 가지 조건을 모두 만족시킬 수 있는 곳이 한국이었고 그가 가장 잘 아는 한국 사람은 나였다.

브랜든에게 필요한 내 힘은 오토데스크의 사업총괄 부장에게서 나오는 게 아니었다. 게임산업에 대한 이해, 새로운 것에 매혹을 느끼는 기질, 그리고 게임 개발자들과의 네트워크였다. 경력을 쌓으면서 직급이 올라가면서 배우는 건 있다. 인적 네트워크도 쌓인다. 그러나 경력이나 직급 그 자체가 능력은 아니다. 나는 경력도 짧고 직급도 평사원에서 시작해 부장이 된 게 아니었다. 그럼에도 이런 제안을 받을 수 있었던 것은 일하면서 쌓이는 능력이 아니라 능력을 쌓기 위해 일을 선택했기 때문이라고 생각한다.

브랜든은 가상현실의 가능성을 보여주고 내가 할 일을 설명한 후 지금 얼마를 받고 있는지 물었다.

"2억쯤 받아요."

"그렇게 올랐습니까? 나와 있을 때랑 많이 다르네요."

"아, 나 요즘 잘나간다고요."

"그렇게는 힘들고 우리 창업자들이 합의 본 금액이 있어요. 우리는 연봉 10만 불로 다 합의했어요. 대신 지분을 줄게요. 1만 주."

당시 1만 주의 값어치는 아무것도 아니었다. 그리고 그것이 값어치가 있든 없든 그것은 나에게 아무것도 아니었다. 연봉도 중요하지 않았다. 그저 '이런 게 세상에 나오면 재밌겠다'는 생각만 뭉게뭉게 피어오르면서 흥분되었다. 그래도 그 자리에서 바로 '그래요, 할게요.'라고 말하지 못했다. 스케일폼으로 옮길 때는 혼자였지만 이제는 처자식이 있는 몸이었다. 일주일의 시간을 달라고 했다.

우리 사회에 널리 퍼져 있는 일반적인 시선으로 볼 때 오토데스크를 버리고 오큘러스로 옮길 어떤 이유도 없다. 글로벌 기업의 최연소 부장이고 연봉은 2억 원이다. 연봉 1억 원이면 사람들이 말하는 꿈의 직장이라고 해도 좋은 조건이다. 이제 겨우 만 35세, 사오정으로 밀려난다고 해도 10년 동안 매년 1억 원 이상의 돈을 받을 수 있다. 회사에서도 인정을 받고 있었다.

"1년만 한국에 있으면 내년에는 싱가포르의 아시아 지부에 발령을 내주겠다. 거기서 경력을 쌓으면 내가 본사로 불러서 아시아 지부를 총괄할 수 있는 자리를 주겠다."

내가 그만둔다고 했을 때 오토데스크의 수석 부사장이 제시한 '오토데스크에서의 내 미래'였다. 나쁘지 않은 미래다. 아니, 많은 사람들이 매일 야근하고 주말을 반납하고서라도 가지고 싶은 미래일 것이다. 반면 오큘러스의 조건은 형편없었다. 우선 연봉이 절반으로 깎인다. 그래도 1억 원이니까 상위 1%는 되는 거 아니냐고 하겠지만 매년 잠정적으로 1억 원을 적게 버는 것이다. 여기다 4대보험이 없고 사무실이 없고 계약직이며 직원 하나 없는 한국 지부장이 된다.

무엇보다 가상현실이라는 콘셉트는 여태까지 성공한 적이 없었다. 80년대 중반 세가, 닌텐도 등의 기업이 가상현실 시장에 뛰어들었다가 실패했고 90년대에도 몇몇 기업이 개발을 했지만 결과적으로는 실패했다. 굴지의 기업이 가상현실에 사운을 걸었다가 망한 경우도 있다. 오큘러스 리프트를 만든 사람은 팔머 럭키Palmer Luckey라는 당시 만 열아홉 살짜리 어린애였다. 그런 애가 만든 기계에 인생을 건다? 그날 호텔에 가기 전까지 나는 가상현실에 대한 개념도 없었다.

　결론은 이렇다. '가상현실에 대한 개념도 없는 사람이 많은 연봉을 주는 안정적인 회사에서의 보장된 미래를 버리고 지금까지 성공한 적 없는 사업에 도전한다.' 길 가는 사람을 붙잡고 물어보면 만 명을 만나야 찬성하는 한 명을 만나지 않을까. 고민을 끝내고 아내에게 말했다.

　"내가 전문가도 아니고 해본 적도 없고 그리고 내가 이걸 잘할 수 있을지도 모르겠어. 차라리 세일즈라고 하면 지난 5년간 한 게 있으니까, 하는 방법도 알고 가는 길이 보이니까 뭔가 할 수 있을 거라 생각하지만 이건 해본 적 없는 일이라는 걸 나도 알아. 힘들 수도 있어. 그런데 정말 해보고 싶어. 가상현실이라는 경험이 너무 새로웠고 그걸 다른 사람도 경험하게 하고 싶어. 아무도 도전하지 않고 있는 거니 만들어내기만 하면 판이 얼마나 크겠어. 더 크게 성장할 가능성이 있잖아. 무엇보다 정말 해보고 싶은 일이야."

　아내는 말했다.

　"빨리 해보고 빨리 망해. 내가 지금 당신 꿈을 붙잡으면 당신 평생 후회할 것 같아. 나도 직장 있으니까 망하면 내가 먹여 살리면 돼. 아이 걱정은 하지 마."

　아내의 동의를 구하고 나서 어머니한테 알리니 또 얼굴이 어두워지셨다. 가상현실이라는 처음 들어본 뭔가를 하겠다고 글로벌 기업을 때려치우고 또 사무실도 없고 4대보험도 없는 비정규직이 되려는 아들이다. 어쨌거나 어머니는 아들의 직업에 관한 한 거의 2년 간격으로 롤러코스터를 타셨다.

사람들은 안정적인 미래를 좋아한다. 미래의 경로가 환히 보이는 직장을 좋아한다. 수많은 청춘들이 공무원 시험에 매달리는 이유도 이것 때문이다. 그러나 다르게 보면, 안정적인 미래란 잠재력이 적은 미래다. 조직의 안정감도 그렇다. 혼자 할 때보다 기업이라는 조직에 속해 있으면 여러 가지 지원을 받을 수 있다. 반면 규율을 따라야 하고 많은 절차를 거쳐 내가 하고 싶은 것을 허락받아야 한다. 당시 나는 오토데스크 코리아 최연소 부장이었다. 남들은 대단하다고 할 수 있지만 나는 조금도 자랑스럽지 않았다. 나에게는 그냥 직장이었다. 그냥 직장인! 나에게는 큰 성장이 막힌 위험이었다.

오큘러스는 스타트업 기업이니까 불확실하고 불안정하다. 다르게 보면, 불확실과 불안정이란 결국 잠재력이 크다는 의미이기도 하다. 프린터 한 대, 노트북 한 대가 전부이지만 기대와 흥분이 있었다. 하지 말아야 할 이유는 차고 넘쳤다. '되기만 하면 멋지겠다'는 게 오큘러스를 선택한 거의 유일한 이유였다.

연봉 말고
인생을 선택하라

오큘러스는 창업한 지 1년 6개월 후에 페이스북facebook에 매각되었다. 그리고 나는 페이스북 직원이 된 지 9개월 만에 그 좋다는 자리를 걷어찼다. 그냥 직장만 그만둔 게 아니었다. 매각될 때 80억 원을 받고 나머지 70억 원은 5년을 근무해야 받을 수 있다는 옵션이 걸려 있었다. 지금 그만둔다는 것은 70억을 포기해야 한다는 뜻이었다. 다들 미쳤다고 했다. 언제나 내 선택을 지지해주던 아내조차 이번에는 반대했다.

"누구는 평생 벌어도 못 버는 돈이야. 그리고 페이스북은 세상 사람들 전부 가고 싶은 회사 중 하나잖아. 그런 회사에서 4년 더 다니는 게 그렇게 힘들어? 4년만 더 다니고 그 다음에는 뭘 해도 아무 말 하지 않을게."

"그래도 거기서 일하고 싶지 않아. 또 직장인이야."

페이스북은 좋은 기업이고 직장으로서도 좋다. 연봉도 높고 일하는 분위기도 자유롭다. 복지도 좋고 능력을 인정받으면 쭉쭉 성장할 수 있다. 정해진 일을 자유로운 분위기에서 할 수 있다는 데 가치를 둔다면 페이스북은 최고의 직장이다.

하지만 답답했다. 남들에게는 단기간이지만 내가 그나마 2년 남짓 일한 회사는 스케일폼과 오큘러스가 유일하다. 두 직장은 책임이 크지만 그만큼 권한도 컸다는 공통점이 있다. 누가 시키지도 않고 일을 알려주는 사람도 없었다. 그냥 내가 알아서 해야 하고 그런 만큼 자유로웠다. 페이스북은 자유롭다고는 해도 그것은 주어진 업무를 해내는 방식에 대한 자유일 뿐 어떤 일을 할 것인가에 대한 자유는 아니었다. 스케일폼과 오큘러스 때는 한 명만 설득하면 하고 싶은 일을 진행할 수 있었는데 페이스북은 체계가 갖춰져 있다 보니 넘어야 할 허들이 많았다. 열심히 설득해서 하나의 허들을 넘으면 다른 허들이 기다리고 있었다. 이게 일반적인 직장의 체제이지만 내 성격과는 맞지 않았다.

페이스북도 계속해서 성과를 내지 않으면 점점 퇴보된다. 트렌드를 빨리 읽어내는 능력이 필요한데 나이를 먹을수록 따라가기 힘들다. 그래서 페이스북 직원들의 평균연령도 낮다. 40대 중반까지 페이스북에서 버틸 수 있는 사람이 몇 명이나 될까. 사오정은 우리나라만의 문제는 아니다. 직원으로 있는 순간까지 페이스북은 좋은 회사지만 그것이 직장의 안정성 그 자체는 아니다. 많은 사람들이 대기업 정규직이나 전문직을 안정적인 직장 혹은 직업이라고 말하지만 사실이 아니다.

페이스북을 그만둔다고 했을 때 어느 누구도 흔쾌히 찬성하지 않았다. '미쳤느냐, 정신이 나갔느냐'는 등의 격렬한 반대를 무릅쓰고 내 의지를 밀고 나갔다.

"앞으로 가상현실이 대박이 날 거다. 요즘 이게 대세다. 이 뜨는 시장에 발맞춰서 우리랑 같이하자. 여기에 맞는 콘텐츠를 만들면 적극적으로 홍보도 해주겠다."

게임회사에 갈 때마다 이렇게 말했다. 그런데도 한국의 게임회사 중 단 한 곳도 오케이 하지 않았다. 그러면서 든 생각이 '저기에 노다지가 있다고 알려줘도 아무도 가지 않는다. 그러면 내가 하면 되는 거 아냐?'라는 거였다. 모두들 노다지를 캐러 가면 내가 성공할 기회가 적겠지만 다 안 하고 있으면 하라고 하는 것보다 내가 하는 게 낫지 않을까 생각한 것이다. 그런데 70억 원을 받으려면 4년이 남았다. 그때 나와서 뭔가를 해보겠다고 할 때는 이미 가상현실이 떴을 것이다. 시간이 지날수록 내가 사업적으로 실행할 수 있는 아이디어는 점점 줄어든다. 구상했던 것이 이미 뒤떨어지기 십상이고 경쟁자들을 이기려면 훨씬 더 많은 비용과 위험을 감수해야 한다. 지금은 하는 사람이 없으니까 적은 금액으로도 성공할 수 있지 않을까.

사실 도박이다. 가상현실이라는 것이 한때의 열풍으로 지나간다면 모든 게 수포로 돌아간다. 그러나 해보지 않으면 모르는 거다. 그보다 더 근본적인 이유는 70억 원이라는 돈보다, 다들 들어가고 싶은 직장보다, 내가 추구하는 삶이 더 중요했기 때문이다. 70억보다 내 인생 4년이 더 중요하다.

내가 지금까지 한 선택은 낡은 가치와의 싸움이었다. 낡은 가치에 따르면 진흥원을 그만뒀으면 안 됐고, 오토데스크를 그만뒀으면 안 됐고, 페이스북에 뼈를 묻어야 했다. 그러나 사람들이 안정적이라고 말하는 직장은 더 이상 안정적이지 않다. 평균 수명 80세 시대에 겨우 40대까지만 보장하는 직장이 어떻게 안정적이라고 말할 수 있는가? 안정적인 직장, 좋은 직장에 대한 낡은 가치를 버려야 한다. 돈을 벌어야 성공이라는 낡은 가치도 버려야 한다. 돈은 꿈을 완성해가는 과정에서 자연스럽게 얻게 되는 것이지 그 자체가 성공의 기준이 아니다.

내 꿈의 절반도 완성하지 못할 수 있다. 내 무모한 도전이 실패할 수도 있다. 미래는 알 수 없는 것이다. 그러나 내 꿈을 향한 도전을 멈추지 않을 것이라는 건 확실하다. 내 인생이다. 나는 내 인생을 이렇게 살기로 했다. 여러분에게도 묻고 싶다.

'지금 살고 있는 방식이 여러분의 인생인가? 여러분이 살고 싶은, 그래서 선택한 인생인가?'

그렇다고 말하면 나는 이렇게 답한다.

"그렇게 살아. 그게 네 인생이면."

지금과 다른 방식을 원한다면, 스스로 생각해도 매력적이고 흥미로운 인생을 원하는 사람에게는 이렇게 답한다.

　　"바로 그렇게 살아. 그게 네 소중한 인생이면."

2

좋은 직장은
답이 아니다

노력 부족이 아니라
방향이 문제다

'흙수저 물고 헬조선에 태어났으면 죽도록 노력해야 한다. 아직 취업하지 못했다면 노력이 부족했기 때문이다. 공무원 시험에 떨어지고 있다면 노력이 부족했기 때문이다. 대기업에 들어가지 못했다면 노력이 부족했기 때문이다. 학벌에 걸려 대기업에 지원조차 못한다면 고등학교 때 노력이 부족했기 때문이다.'

아직까지 이따위 멍청한 신화를 믿는 청춘은 없을 것이다. 노력은 부족하지 않았다. 따지고 보면 초등학교 때부터 좋은 직장에 들어가기 위해 노력해왔다. 대학 졸업까지 16년의 시간이다. 학창시절 내내 교문 앞에서 기다리는 학원 차에 실려 다녔다. 대학생이 된 다음에는 토익 성적을 높이고 기업이 원하는 스펙을 쌓기 위해 돈과 시간을 투자했다.

16년 동안 진심으로 원해서 공부한 시간은 얼마나 되는가? 원하지도 않는 공부, 입시라는 이유를 빼면 도대체 왜 해야 하는지도 모르는 공부를 하면서 12년을 보냈다. 대학 4년 동안 부모님한테 미안해하면서 아니면 미안해하는 부모님을 보면서 대출을 받아 등록금을 냈다. 전공 공부는 학점 관리를 위한 것일 뿐이고 나머지 시간은 토익 성적과 스펙을 쌓기 위해 썼다. 그러면서 알바까지 병행했다. 16년 동안 오로지 '좋은 직장'을 얻기 위해 노력해왔다. 노력은 부족하지 않았다.

여러분의 잘못이 아니다. 노력이 부족해서 취업을 못하는 게 아니라 절대적인 일자리가 부족하기 때문이다. 굳이 따지자면 '요새 젊은것들은 게을러서 노력도 하지 않고 편한 일만 하려고 한다'고 말하는 기성세대의 잘못이다. 값싼 인건비와 선진국 따라 하기 전략으로 급성장할 때 미래를 위한 준비를 하지 않았다. 기술은 선진국에 미치지 못하고 인건비는 중국에 밀리고 있다. 한국 경제의 미래를 낙관하는 사람은 좀처럼 보이지 않고 모두들 장기저성장 국면을 우려하고 있다.

이런 와중에 기업들은 가능한 한 직원의 수를 줄이려고 한다. 미안한 이야기지만 회사 입장에서 직원은 가장 비효율적 노동수단이다. 1년에 15일은 휴가를 줘야 하고 일주일에 2일은 쉬어야 하고 하루에 8시간만 업무에 활용할 수 있다. 여기다 아프면 쉬어야 하고 개인 사정으로 쉬어야 하는 경우도 있다.

기업 입장에서 보면 영업이익률을 유지하는 가장 손쉬운 방법이 감원이다. 정규직은 최대한으로 줄이고 비정규직으로 채워야 한다. 비정규직은 정규직에 비해 유지비용도 낮고 언제든지 해고할 수 있기 때문이다. 사람이 남아도는 세상이니까 열악한 환경이라도 일을 하려는 사람은 많다.

그리고 기술이 발달할수록 사람이 하던 일을 기계가 대신하게 된다. 기업은 효율성과 비용절감성만 증명되면 그 기술을 도입할 것이다. 그 흐름은 누구도 막을 수 없다. 앞으로도 일자리가 늘어날 가능성은 별로 없다는 말이다. 남은 것은 처절한 경쟁뿐이다. 취업관문이라는 높은 장벽, 거기에 뚫린 작은 구멍을 향해 남들보다 빨리 달려야 한다. 최대한 기업이 원하는 스펙을 쌓으면서, 6개월짜리 인턴이라도 감지덕지 일하면서 어떻게든 또래의 경쟁자들보다 앞서야 한다.

정말 그렇게 살아야 하는가? 살아남기 위해 살아야 하는가? 기성세대는 열심히 공부하면 좋은 직장에 들어가서 남들보다 편하게 더 많은 돈을 벌 수 있다고 가르쳤다. 대다수의 청춘들은 어렸을 때부터 부모님으로 대변되는 기성세대의 가르침에서 크게 벗어나지 않았다. 그렇게만 하면 되는 줄 알았다. 열심히 노력하면 다 잘될 줄 알았다. 그런데 지금 청춘들이 처한 상황은 그렇지 않다. 답이 보이지 않는 현실이다.

여전히 여러분의 노력이 부족해서라고 생각하는가? 더 노력해야 한다고 자신을 다그치고 있는가? 그렇지 않다. 부모님이 쌩쌩 잘 달리는 인생의 고속도로라고 알려준 길은 극심한 정체를 겪고 있다. 취업준비기라는 정체구간만 벗어나면, 좁은 구멍을 통과해 취업을 하기만 하면 불행 끝 행복 시작일 것 같지만 기대했던 꽃길은 거기에 없다.

대기업의 정규직으로 일하는 친구들을 간혹 만난다. 대부분 과장급인데 불안과 불만의 정점에 서 있는 것처럼 보인다. 기성세대의 가르침을 모범적으로 따른 그들은 20대 후반 혹은 30대 초반에 남들이 그렇게 가고 싶어하는 대기업에 들어갔다. 전체 일자리에서 대기업이 차지하는 비중이 10%밖에 되지 않으니 10:1의 경쟁률을 뚫은 셈이다. 그것으로 탄탄대로에 올라섰다고 생각했지만 아니었다. 사내 경쟁은 직급이 올라갈수록 치열해진다. 승진을 하지 못하면 나와야 하고 그렇게 살아남는다고 해도 50대까지 그 회사에 머무는 사람은 극소수에 불과하다. 40대인 내 친구들, 겨우 10여 년 직장생활을 했을 뿐인데 벌써 잘릴 걱정을 하고 있다.

일말의 악의도 없는, 오로지 선의로만 가득한 조언이었지만 잘못된 가르침이었다. 열심히 노력하면 된다는 말은 부모님 세대에서나 통하던 신화다. 경제가 성장할 때, 비교적 변화가 적던 시기에는 열심히 공부해서 좋은 대학에 가고, 가능한 한 큰 기업에 들어가서 열심히 노력하면 그런대로 한세상을 살 수 있었다. 그런 세상은 이제 없다.

부모님이 가보처럼 물려준 나침반은 답이 보이지 않는 길로 청춘들을 안내하고 있다. 나는 부모님을 사랑하지만 부모님이 안내하는 대로 가지 않았다. 만약 내가 부모님의 나침반을 손에 쥐고 살았다면 게임회사 대신 대기업이나 외국계 기업에 들어갔을 것이다. 지금쯤 서서히 조여오는 퇴사 압박에 시달리고 있을 가능성이 높다. 즐겁지도 않은 일을 하면서, 불평불만을 늘어놓으면서, 여전히 참으면서 사는 40대가 되었을 것이다.

모두들 강조하는 노력은 방향이 제대로 설정되었을 때 빛을 발한다. 방향을 옳게 잡아놓고 그다음에 노력을 해야 한다. 그렇지 않으면 노력은 시간과 에너지의 낭비일 뿐이다. 어차피 고속도로는 꽉 막혀 있다. 그렇다면 다른 길을 찾아야 한다. 물론 지금 당장은 다른 길이 보이지 않을 것이다. '엄마, 다음은 뭐해야 해?'라고 물었다던 하버드 졸업생처럼 다른 사람이 정해준 길로만 왔으니 다른 길에 대한 안목이 있을 리 없다. 그러나 지금 가고 있는 길이 아니라면 용기를 내서 일단은 멈춰 서야 한다. 그리고 진지하게 인생의 방향, 꿈의 방향에 대한 고민을 해봐야 한다.

부모님의 정답은
틀렸다

내가 직장을 선택할 때마다 어머니는 롤러코스터를 타셨다. 좀 안심할 만하면 걷어차버리고 불안정한 길을 가고, 또 안정이 되었다고 생각하면 또 걷어차버리는 선택을 하니까 "도대체 너는 인생에 뭐가 불만이냐?"라는 말씀도 하셨다.

"엄마, 불만이 있는 게 아니라 다른 삶을 살고 싶은 거예요."

어머니가 직업을 보는 관점은 안정성, 높은 연봉, 사회적 인식이다. 이 기준에 가까워지면 좋아하셨고 멀어지면 불안해하셨다. 그러나 결과는 어머니의 걱정과 달랐다. 오큘러스가 페이스북에 팔렸을 때, 어머니는 "내가 그때 말렸으면 이런 일이 없었겠지."라고 말씀하신 적이 있다. 너무 자주 롤러코스터를 타셔서 그런지 이제는 수십억 원을 포기해도, 국회의원 자리를 거절해도 별 말씀을 하지 않으신다. 자식의 직업과 관련해서는 득도의 경지에 오르신 게 아닌가 싶기도 하다.

내 선택을 지지해주지 않은 부모님에 대한 원망은 조금도 없다. 부모 세대의 직장에 대한 가치관이 더 이상 통용되지 않는다는 점을 말하고 싶은 것이다. 그런 낡은 가치관은 그대로 내 또래에게도 유전이 되었고 나보다 젊은 세대에게도 물려졌다. 장래 희망이 정규직이라는 초등학생이 있다는 걸로 봐서는 10년 후 직장을 구하게 될 세대 역시 낡은 직업관을 갖고 있는 것 같다. 안타까운 일이다.

부모 세대의 직장인이 갖춰야 할 덕목은 근면과 성실이었다. 비정규직이라는 개념조차 없었고 직장 하나를 잡으면 정년까지 다녔다. 대기업이 아니라도 직장에서 번 돈으로 자식을 기르고 집을 살 수 있었다. 퇴직을 하면 그동안 벌어놓은 돈으로 여생을 즐겼다. 그러던 것이 외환위기 이후 큰 변화를 겪었다. 대기업이 망하고 정리해고로 실업자가 된 사람들이 넘쳐났다. 기업은 더 이상 평생을 보장해주지 못했다. 그러자 안정이 직장을 선택하는 중요한 기준이 되었다. 너도나도 해고의 위험이 없는 공무원이 되려고 했고 그것은 지금까지 이어지고 있다.

통계청에 따르면 취업준비생 세 명 중 한 명이 '공시생(공무원 시험을 준비하는 학생)'이라고 한다. 이들은 평균 수십 대 일의 경쟁을 통과해야 공무원이 된다. 이렇게 치열한 경쟁률에도 불구하고 공무원이 되려는 이유는 무엇인가? 해고 위험 없이 정년까지 일할 수 있고 이후에는 연금으로 살 수 있다는 것일까?

그래서 공무원이 되려고 한다면 공무원은 청춘들의 답이 아니다. 오로지 안정만을 위해서 공무원이 된 사람들이 어떻게 일할지는 빤하다. 세금을 내는 사람으로서, 정부기관이 복지부동伏地不動을 신조로 삼는 '영혼 없는 공무원'으로 넘쳐나는 것은 생각만으로도 끔찍하다. 납세자의 입장은 빼고, 그 한 사람의 인생만 생각해도 끔찍하기는 마찬가지다. 그는 월급과 연금 이외에 일하는 어떤 이유도 찾지 못한 채 30년을 보낼 것이다. 나는 세상에 대한 꿈이 있고 그 꿈을 이루는 방법으로 공무원을 선택한 사람들이 많은 정부기관을 희망한다.

높은 연봉을 찾아 대기업에 간 사람들도 다르지 않다. 10년 전, 대기업에 다니던 친구들은 연봉 2천만 원짜리 게임회사 직원인 나를 한심하게 바라봤다. 그런데 3년도 지나지 않아서 나를 부러워하기 시작했다. 내 연봉이 그들의 두 배가 된 시점이었다. 다시 2년여 시간이 지난 후에 그들 연봉의 4배쯤 되었다. 그리고 몇 년 후 나는 그들이 100년 이상 한 푼도 쓰지 않고 모아야 할 돈을 벌었고, 역시 100년 이상 한 푼도 쓰지 않고 모아야 할 돈을 포기하고 '볼레 크리에이티브' 창업을 선택했다.

내가 선택을 할 때마다 친구들은 나에게 철부지라고 했다. 기성세대의 나침반으로 보면, 그것을 그대로 받아들인 친구들의 기준에 따르면 내가 한 선택들은 완전히 잘못된 것이었다. 그런데 지금은 나를 부러워한다. 최선을 다해 안정적인 길을 선택했던 친구들이 나를 부러워하면서 '회사의 시스템이 문제고 상사가 뭣 같고 미래가 불안하다'며 신세한탄을 한다. 그런 사람들 중 오래된 친구에게는 냉정하게 말한다.

"나한테 부장이 어떻고 회사가 어떻고 하지 마라. 넌 변할 의지조차 없잖아. 내가 새로운 방법, 아이템을 말해줘도 넌 안 할 거잖아. 그러면서 나를 부러워하는 건 루저loser인 거야."

'아이들은 커가고 당장 돈 들어갈 데는 많다. 회사를 나온다고 해도 딱히 할 만한 게 없다. 혹시 그러다가 실패하면 있는 돈마저 날린다. 아침 일찍 출근해 야근까지 하고 나면 파김치가 되니 준비를 할 시간도 체력도 없다.' 다 맞는 말이다. 변화를 시도할 시간도 없고 체력도 없고 위험하기까지 하다. 그러면 그렇게 살면 된다. 불평하면서 사는 게 자기 인생이면, 그런 인생을 살기로 선택했다면 그렇게 살면 된다. 그리고 그 인생의 미래를 받아들이면 된다.

나는 청춘들에게도 똑같은 말을 하고 싶다. 일자리가 부족하고 그래서 취업이 안 되는 것도 맞다. 여러분의 탓이 아니다. 미래가 보이지 않는다는 말도 맞다. 도전을 했다가 실패했을 때 치러야 할 대가가 큰 것도 맞다. 이 모두가 엄연한 현실이다. 이 현실을 그대로 받아들이고 불평하면서 사는 것도 여러분의 인생이다. 그렇게 불평하면서 살기로 선택했다면 그것이 여러분의 인생이다.

그러나 다른 인생도 있다. 남들이 뭐라고 하든 하나하나 꿈을 완성해가는 도전을 하면서 살 수도 있다. 세상을 탓해도, 기성세대를 비난해도 인생은 달라지지 않는다. 불평으로 낭비하기에는 인생은 너무 소중하다. 소중한 인생을 소중하게 만드는 선택은 각자의 몫이다.

나는 금수저를 물고 태어나지 않더라도 성공할 수 있다는 사례가 되고 싶다. 남들과 다른 길을 가야만 성공할 수 있다는 것을 보여주고 싶다. 내가 기성세대가 보기에 황당한 선택을 했듯이, 청춘들의 황당한 꿈을 구체화시키는 작업을 함께하면서 그들을 돕고 싶다. 이것이 내가 성공을 하려는 이유 중 하나다.

직장은
안전지대가 아니다

사람들은 '그거 확실해?'라는 질문을 좋아한다. 내 경우를 보면, 스케일폼을 선택할 때 어머니가 "그 회사 확실한 거냐?"고 의구심을 나타내셨다. 오큘러스로 옮길 때도 "그 사업 확실히 되는 거야?"라는 질문을 많이 받았다. 볼레 크리에이티브를 창업했을 때도 마찬가지였다.

'쟁쟁한 기업들이 가상현실 사업에 뛰어들고 있고 쟁쟁한 게임회사가 포진해 있다. 그들을 이길 확실한 전략은 무엇인가? 성공할 자신이 있는가?'

확실한 전략? 모르겠다. 성공할 자신? 역시 모르겠다. 그러나 내가 무엇을 하고 싶은지는 안다. 내가 이걸 통해서 무엇을 이루고 싶은지는 안다. 그것을 이룰 방법을 찾는 중인데, 그중 하나가 볼레 크리에이티브의 사업 아이템이다. 여러 갈래의 길 중에서 내가 보기에 가장 가능성이 높은 길로 가보는 중이다. 가다가 막히면 다른 길로 가면 된다. 목적지가 확실하다면 길을 좀 헤매는 것쯤은 아무것도 아니다.

사실 '이건 확실하다. 대박이다.'라는 사업이 있다면 나 말고 누가 해도 성공할 수 있다. 그런 아이템을 나만 생각할까? 이미 어디선가 다른 사람도 하고 있을 거고 내가 시작할 때 론칭을 준비하고 있을 수도 있다. 또 내가 시작하자마자 좋은 인력과 막강한 자본력을 가진 팔로우가 생겨서 나를 앞지를 수도 있을 것이다. 얼마 지나지 않아 레드오션^{red ocean}이 될지도 모른다.

확실한 것들이 있긴 하다. 가만히 앉아서 확실하다고 말할 수 있는 것들을 떠올려보라. 모두 과거에 이미 벌어진 일이다. 미래의 일 중 확실한 것은 아무것도 없다. 이게 미래의 매력이다. 모두들 확실한 미래를 보장받으려 하지만 미래란 늘 불확실함을 전제로 한다. 이런 불확실함에 대처하기 위해 많은 청춘들이 직장을 찾는다. 직장은 안전지대이고 사업은 위험지역이라는 인식이 아직도 강한 것 같다. 나는 이것 역시 낡은 가치라고 생각한다.

경제뉴스를 조금만 눈여겨보았다면 우리나라 기업들이 막대한 사내유보금을 쌓아두고 있다는 기사를 보았을 것이다. 30대 대기업의 사내유보금만 710조 원이라고 한다. 개인이 월급을 받아서 쓰고 남는 돈이 많으면 좋듯이 기업에 돈이 많으니 좋은 것일까? 개인과 달리 기업은 투자를 해서 더 많은 돈을 벌어야 하는 곳이다. 돈을 벌 기회가 있으면 부채를 내서라도 투자하는 곳이 기업이다. 그런데 돈을 쌓아두고 있다는 것은 투자할 기회가 마땅치 않다는 의미다. 새로운 기술이 일자리를 뺏고 투자를 해서 일을 벌이지 않으니까 일자리는 점점 줄어들 수밖에 없다. 직장의 리스크는 점점 증가하고 있는 것이다.

반면 사업의 리스크는 점점 줄어들고 있다. 과거의 사업은 막대한 자금이 필요했다. 설비, 토지, 직원, 연구개발, 유통망 개발 등등 돈을 쌓아두고 시작해야 했다. 그러다가 망하면 있는 돈 다 날리고 빚까지 떠안았다. 그러나 지금은 IT사회다. 페이스북, 에어비앤비AirBnB, 우버Uber, 알리바바Alibaba 등의 기업은 자본력이 아니라 아이디어로 시작된 사업이다. '연결'과 '공유'를 제품으로 하는 기업이다.

페이스북은 전 세계에서 가장 많은 사진과 동영상을 가진 기업 중 하나이지만 직접 제작하는 콘텐츠는 없다. 지인들끼리 '연결'하고 서로의 소식을 사진과 동영상으로 '공유'하게 만들어주고 광고수익을 얻는 회사다. 에어비앤비는 전 세계에서 가장 큰 숙박업체 중 하나이지만 직접 소유하는 숙박시설은 없다. 집을 가진 자와 집이 필요한 자를 '연결'하고 그들의 니즈needs를 '공유'하게 만들어 거래 수수료를 얻는 회사다. 우버는 전 세계에서 가장 큰 운수업체 중 하나이지만 직접 소유하고 있는 택시는 없다. 차를 가진 자와 차가 필요한 자를 '연결'하고 그들의 니즈를 '공유'하게 만들어 거래 수수료를 얻는 회사다. 알리바바는 전 세계에서 가장 큰 소매상이지만 직접 거래 품목을 소유하고 있지 않다. 거래할 제품을 가진 자와 그 제품을 원하는 자를 '연결'하고 그들의 니즈를 '공유'하게 만들어 광고수익을 얻는 회사다. 이 모두는 '연결'과 '공유'를 바탕으로 하는 아이디어에서 탄생한 사업 모델이다. 그래서 이러한 IT사회는 청춘들에게는 기회다. IT를 온몸으로 받아들이고 적극적으로 사용하는 세대이기 때문에 인터넷에 연결된 컴퓨터 한 대와 아이디어, 그리고 도전하는 용기만 있으면 사업을 시작할 수 있다.

그 아이디어가 연결과 공유라는 가치에 부합하기만 하면 그 다음부터는 자본은 걱정할 필요가 없다. 엄청난 자본이 몰려올 것이기 때문이다. 돈을 벌 수 있는 곳으로 돈이 몰리는 것이 자본주의의 원리다. 기업이 유보금을 쌓아 두고 있는 것처럼 뭉칫돈을 가진 투자자들은 투자할 곳을 찾고 있다. 자신 있게 말할 수 있는 이유가 있다. 나는 요즘 여기저기 정신없이 불려 다니고 이 사람 저 사람의 방문을 받고 있다. 그들은 내게 묻는다.

'산업의 트렌드가 어떻게 갈 것 같아요? 돈은 어디가 벌 것 같아요? 가상현실이 뜨고는 있는데, 어디에 투자를 해야 할까요? 기술에 투자해야 하나요, 아니면 콘텐츠에 투자해야 하나요?'

좋은 아이디어가 있다면 투자할 돈은 얼마든지 준비되어 있다는 것이다. 새로운 아이디어로 도전할 수 있는 IT시대가 열려 있고 투자처를 찾는 돈들이 있다. 반면 직장이라는 안전지대는 줄어들고 있다. 낡은 가치로 보면 직장은 안전하고 사업은 위험하다. 정말 그런지 한번 생각해볼 일이다. 사업을 해야 돈을 벌 수 있다는 것은 누구나 알고 있다. 또 사업을 하는 사람에 대한 동경도 있다. 그런데 '당장 누가 나에게 얼마를 줄 것인가?' 하는 낡은 생각에 갇혀 있으면 기회가 보이지 않는다.

지금 당장 사업을 시작하기는 어렵다. 먼저 꿈을 꾸고 그 꿈을 이루기 위한 선택을 해나가야 한다. 같은 직장이라도 꿈을 위한 선택을 한 사람과 직장인이 되기 위해 선택한 사람의 시간은 다르다. 이렇게 생각하면 군이 대기업에 들어가려고 아웅다웅할 필요도 없다. 사업 역량을 쌓기 위한 직장이라면 작은 기업에서 더 많은 기회를 가질 수 있다.

공무원 시험에 합격했다고 가족을 속이고 1년 동안 거짓 출근을 했던 서른 살 청년이 스스로 목숨을 끊었다. 정부청사에 침입해 시험성적을 조작한 스물여섯 살 청년도 있었다. 아픈 청춘들의 자화상이다. 취업준비생 상당수가 우울증과 불면증에 시달린다고 한다. '명절에 양복 입고 당당하게 친척들에게 인사드리고 싶다'는 소박한 바람을 가진 청춘들이 많다.

다시 말하지만, 일자리가 부족한 것은 청춘들의 잘못이 아니다. 그러나 우울과 불면은 청춘들 자신의 잘못이다. 이렇게 냉정하게 말하는 것이 마음 아프지만, 어쩔 수 없는 사실이다. 20세기형 내비게이션은 백 명 중 열 명에게만 허락된 길을 가라고 안내한다. 좁은 문을 통과한 열 명에게 다시 한 명만 통과할 수 있는 길을 가라고 한다. 업데이트 되지 않은 내비게이션을 그냥 받아들인 결과가 우울과 불면이다.

힘들지 않다고 말하는 것이 아니다. 충분히 힘든 상황이다. 그렇다고 낡은 가치를 수동적으로 받아들이면서 좌절해서는 안 된다. 기성세대의 정답을 버리고 자기만의 길을 모색하고 도전하는 용기를 만들어내야 한다. 나 하나 어떻게든 비집고 살아보겠다는 생존 지향적인 생각보다 더 큰 가치를 품어야 한다. 그래야 길이 보이는 세상이다.

일자리가 없다면 스스로 일자리를 만들 길을 모색해야 한다. 이 모든 문제의 원인이 정치에 있다면 비난만 하지 말고 정치에 뛰어들어라. 정치든 경제든 문화든 '헬조선'에서는 어떤 희망도 찾을 수 없다고 좌절하지 마라. 불평과 좌절로 인생을 낭비해서는 안 된다. '이번 생은 틀렸다'는 자조적인 농담을 할 시간에, 불평하는 사람들을 만나서 '우울 바이러스'를 나눌 시간에 새로운 길로 한 발자국이라도 떼야 한다. 어떤 방향으로 발걸음을 옮길 것인가? 여기에 대한 대답은 기성세대의 나침반에는 없다. 나침반은 청춘 여러분 자신에게 있다.

3

다시, 존재하라

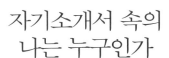

자기소개서 속의
나는 누구인가

세상에서 제일 쓰기 어려운 글이 자기소개서라고 한다. 쓰는 요령, 모범답안을 보여주는 웹페이지는 부지기수이고 아예 대신 써주는 업체도 많다. 있는 그대로 소개하면 어렵지 않을 텐데, 자신을 기업이 원하는 인재로 재구성해야 하니 어렵다. 그래서 '자소서'가 아니라 '자소설'이라고들 한다. 그 소설 속에 사람은 없고 채용해달라고 간청하는 인재만 있다. 단군 이래 최고의 스펙을 갖추고도 평생을 당신의 기업에서 일하기 위해 준비해왔다고 쓴다. 그렇게 해도 열에 아홉은 또 다른 자신을 창조하는 고통을 당해야 한다.

대한민국의 청춘들은 자신이 되지 말라는 강요를 받으며 자랐다. 강요를 충실히 따르지 않으면 잉여인간剩餘人間이 될 거라는 협박도 받았다. 오래도록 월급을 줄 사람이 요구하는 조건에 맞는 사람이 되기 위해 노력했다. 해야 할 것에 치여 하고 싶은 것은 뒤로 미루기만 했다. 이제는 하고 싶은 게 뭔지 모르겠다는 청춘들이다.

나도 그런 청춘이었다. 막연하게 수학과 과학을 잘하니까 공대가 좋지 않을까 생각했다. 이왕이면 유명한 대학에 가고 싶어서 MIT에 지원했다가 떨어졌다. 보험 삼아 지원했던 앨버타주립대학에는 합격을 했다. 입학 당시 캐나다에서 다섯 손가락 안에 드는 대학이지만 이 대학의 학생이 되기는 싫었다. 다시 MIT에 지원했지만 또 떨어졌다. 삼수까지 할 수는 없어서 가고 싶지 않았던 대학의 학생이 되었다.

남들이 대학 졸업장은 있어야 한다고 해서 대학에 갔다. 취업이 잘된다고 해서 전산학과에 갔다. 여기에 나는 없었다. 부모님 기대에 어긋나지 않게, 백인들에게 뒤처지기 싫어서, 사촌동생에게 무시당하기 싫어서 열심히 공부했지만 내가 뭘 원하는지에 대해서는 생각해보지 못했다. 대학생이 되면서 이제 부모님의 기대는 만족시켰다고 생각했다. 소수자로서의 열등감도 없어졌고 캐나다에서 제일 친한 친구도 백인이다. 유학 초기 영어도 못하고 못사는 나라에서 왔다는 이유로 날 무시했던 사촌동생도 지금은 나를 잘 따르고 좋아한다. 그리고 난 왜 대학에 왔는지 모르는 1학년, 공부를 해야 할 어떤 이유도 없는 97학번이 되었다.

뭔가 아닌 것 같은데 뭐가 아닌지 몰랐다. 뭘 해먹고 살지 생각해도 답이 보이지 않았다. 대학만 들어가면 뭔가 장밋빛 인생이 펼쳐질 줄 알았다. 애인도 생기고 클럽 활동도 하고 성인으로 인정도 받고. 하지만 현실은 그렇지 않았다. 성인이기 때문에 얻은 자유보다 책임이 더 무거웠다. 졸업장을 따기 위해 하는 공부는 너무 힘들었다. 그리고 그 졸업장이 나에게 선사해줄 미래는 불투명했다. 무엇이든지 길이 보이지 않던 시절이었다.

　그래서 게임의 세계로 갔다. 알바로 생활비를 충당하는 내 형편에 맞는 도피처였다. '젤다의 전설', '파이널 판타지', '드래곤 퀘스트' 등 매일 판타지의 세계에서 살았다. 굶기와 폭식을 반복하면서 오로지 레벨업을 향한 모험을 했다. 밤을 새워 게임을 하고 나면 '밤을 샌 덕분에 이만큼 강해졌구나' 하는 성취감과 자물쇠 채워진 컴컴한 방에 있는 것 같은 느낌이 동시에 올라왔다. 그래도 고등학교 때 국제 바칼로레아International Baccalaureate라는 우수반에서 공부를 했던 덕분에 1학년은 그럭저럭 무사히 지나갔다. 그러다가 2학년 때 학사경고를 맞았다. 캐나다는 학사경고를 받으면 진급이 되지 않는다. 대학이 인정하는 다른 학교에서 그 과정을 이수해야 복학해서 수업을 들을 수 있다. 잠정적인 퇴학조치나 다름없다. 외환위기로 환율이 높아지고 군대도 가야 해서 휴학을 했다.

　한국의 많은 남자들이 그렇듯이 군대 제대 후 복학한 나는 정신을 차리고 공부했다. 그래서 다행히 성적을 나쁘지 않게 유지했다. 응용통계를 공부해서 시험에 통과하면 보험계리사라는 직업을 가질 수 있는데 연봉이 높다는 말을 들었다. 그래서 수학 및 응용통계학과로 옮겼다. 그리고 보험계리사 시험을 준비했다. 하지만 보험계리사 시험 8개 과목 중 가장 쉽다는 과목도 통과하지 못했다.

졸업을 하고 캐나다에서 살고 싶었다. 경제도 불안하고 북한도 불안하고 다리도 떨어지고 건물도 무너지는 한국으로 돌아가고 싶지 않았다. 한국으로 돌아와 배운 것을 풀어내기 위해 유학을 가는 거라는 할아버지의 말씀은 까맣게 잊고 있었다. 일자리를 찾아보니 거대한 장벽이 있었다. 당시 캐나다는 그 일을 할 수 있는 내국인이 없을 경우 구인을 했는데 지원자가 없을 경우에만 외국인을 고용할 수 있었다. 알바로 연명하면서 온갖 생각을 다했다. 심지어 국적 취득을 주목적으로 하는 결혼까지 문득문득 떠오를 정도였다.

내 시대의 유학생 성공공식은 졸업 후 한국에 들어와서 뛰어난 언어실력을 무기로 큰 기업에 들어가는 것이다. 나를 위해 희생한 부모님의 기대에 맞추려면 얼른 그 공식을 따랐어야 했다. 그런데 '꼭 대기업에 가야 할까? 좋은 직장이 답일까?'라는 의문이 있어서 '정답'으로 밀려가지 않았다. 나는 어디로 가야 할지는 모르지만 어른들이 말하는 길은 아닌 것 같다는 생각에 어정쩡한 상태였다. 그러던 차에 운 좋게 한국에 있는 게임회사에서 입사 제안이 왔고 나는 기다렸다는 듯이 받아들였다.

이상한 일이다. 갈 곳을 몰라 제자리에서 빙빙 돌기만 하던 청춘이 게임회사라는 말을 듣자마자 방향이 보였다. 게임 때문에 1, 2학년을 망쳤지만 엄밀하게는 게임 때문이 아니었다. 꿈이 없으니 방향이 없고 방향이 없으니 방황할 수밖에 없었다. 방황의 도피처가 되었지만 도피처가 될 만큼 게임을 좋아했다. 내가 좋아하는 일을 할 수 있다는 것만으로도 자물쇠가 열리면서 빛이 들어오는 것 같았다. 그리고 멀고 큰 꿈은 아니지만 어디로 가야 할지 방향이 보이기 시작했다.

'좋은 세상을 만들겠다'는 큰 꿈이 구체화된 것은 오큘러스에서 일할 때였다. 그 꿈은 외부에서 온 것이 아니라 내 안에 있던 것을 재발견한 것이었다. 할아버지는 유학 가는 손자를 앉혀놓고 이렇게 말씀하셨다.

"네가 유학을 가는 것은 지금은 한국보다 그쪽이 잘살고 과학적 지식이 발전했기 때문이다. 그러나 예의범절을 잊어서도 안 되고 네가 배운 것을 한국이 잘되는 데 밑거름이 되도록 써야 한다."

아버지는 편지를 보낼 때마다 늘 '위대한 아들에게'라는 말로 시작하셨다. 당시에는 '한국이 잘되게 해야 한다'는 게 무슨 말인지도 몰랐고 '위대한 아들'보다 평범한 아들이 되고 싶었지만 어른들의 말씀이 내 마음속에 자리를 잡았던 것 같다. 그래서 제안을 받고 곧바로 한국으로 올 수 있었다.

다시,
존재하라

처음 볼레 사무실은 서울 강남역 인근 건물의 21층에 있었다. 강남역 사거리의 유명한 오피스텔에 위치하다보니 낮에 보는 풍경도 좋고 밤에 보는 풍경도 좋았다. 비가 올 때도 좋고 눈이 올 때면 더 좋았다. 그곳에서 내려다보면 참 많은 외국어 학원과 참 많은 학원생들이 보였다. 그들 중 몇이나 자기가 원하는 언어를 배우고 있을까? 몇 명 되지 않을 것 같다. 취업을 위해, 공무원 시험을 위해 필요하다고 말하겠지만 기업이 원하는 것이고 국가가 요구하는 것이다. 나를 채용할 곳에서 필요한 스펙이라고 하니 영어공부를 하는 것이지 내가 원해서 하는 게 아니다. 대기업들이 영어 대신 태국어를 채용에 반영하겠다고 하면 모두들 태국어 학원으로 달려갈 것이다.

기업은 이렇게 말한다.

'우수한 대학의 우수한 성적과 영어 능력은 기본이다. 그 외에 업무에 도움이 될 것 같은 여러 경험을 하고 오면 우리 회사에 넣어주겠다. 들어와서 열심히 일하면 월급을 주겠다.'

표현은 다르지만 결과적으로는 같은 말을 다른 누구도 아닌 우리 부모가 우리에게 했다.

'공부 열심히 해서 좋은 대학 가야지. 그래야 좋은 직장에 들어갈 수 있어.'

좋은 직장이란 월급을 많이 주는 기업이다. 너무 어릴 때부터 들어와서 이제는 너무 당연한 듯 들리지만 정말 끔찍한 메시지다. 이 메시지는 여러분의 인생을 고려하지 않고 있다.

'너에게 월급을 줄 곳이 원하는 인간이 되기 위해 청소년기를 포함해 20대 중반까지 노력하고 또 노력하라. 그렇지 않으면 낙오자가 될 것이다.'

기업뿐 아니라 우리 사회 전체가 이런 메시지를 강압적으로 전달하면서 겁을 주고 불안하게 했다.

무엇을 좋아하는지, 무슨 꿈을 꾸는지 묻지 않았다. 어릴 때부터 부모님이 좋아할 만한 직업을 장래 희망으로 삼다보니 자기 자신이 무슨 꿈을 꾸는지 잊어버렸다. 어느새 꿈은 대기업에서 많은 돈을 받거나 공무원이 되어서 안정을 얻는 것이 되었다.

기성세대가 우리에게 주입한 직업 선택의 기준은 돈이다. 정년까지 잘릴 위험이 없는 공무원도 적지만 오랫동안 돈을 받을 수 있고 퇴직 후에는 연금을 받는 것이니까 결국은 돈이다. 그 돈을 받을 수 있는 '자격'을 갖추기 위해 해야 할 일은 무엇인가? 좋은 대학, 높은 학점, 어학 능력, 인턴 경험 등이다. 이런 판단을 근거로 지금 이 순간에도 많은 청년들이 학원에 돈을 가져다 바치고 원하지도 않는 봉사를 하고 복사나 하는 인턴에 지원하고 있다.

'누가 나에게 얼마의 돈을 줄 것이고 그 돈을 받기 위해 내가 해야 할 일은 무엇인가?'라는 오래된 명제를 바꿔야 한다. "불만이 있는 게 아니라 다른 삶을 살고 싶은 거예요."라는 대답에서 다른 삶이란 내가 원하는 삶을 의미한다. 좋은 직장을 가지지 못하는 상황을 회피하기 위한 것이 아니라 내 꿈을 찾아가는 선택을 하겠다는 뜻이다. 내가 직업 혹은 직장을 선택할 때의 질문은 '이 일로 내 꿈의 어느 부분을 완성할 수 있는가?'라는 것이었다. 좀 더 근본적으로 들어가면 '어떻게 나를 즐거운 흥분으로 가득 차게 하는 일을 통해서 세상에 도움을 줄 것인가?'라는 질문이다.

간단하게 바꾸면 'Be, Do, Have'가 된다. 꿈으로 존재(Be)하고 그것을 이루기 위한 행위(Do)를 하면 돈이나 지위(Have)는 저절로 얻어진다는 것이다. 많은 사람들이 꿈을 오해하고 있다고 나는 생각한다. 꿈이란 내가 축구선수가 되고 대기업 직원이 되고 공무원이 되고 과학자가 되는 것이 아니다. 무엇인가가 되는 것이 아니라 무엇을 이루는 것이다.

예를 들어 어떤 소년이 축구선수가 되는 게 꿈이라고 하자. 그런데 불행

히도 사고가 나서 불구가 되거나 선천적으로 몸이 약하거나 운동신경이 발달하지 않았다면 꿈을 포기해야 한다. 그러나 '축구로 사람들을 즐겁게 하겠다'는 꿈이면 어떤가? 축구를 못 해도, 심지어 불구가 되어도 축구의 즐거움에 기여할 길은 얼마든지 있다.

어떤 청년이 경찰이 되는 게 꿈이라고 하자. 그런데 체력이 약하다. 이 청년은 꿈을 포기해야 한다. 그러나 정의사회 구현이면 어떤가? NGO도 되고 변호사도 되고 정치도 된다. 꿈을 제대로 설정하면 할 수 있는 일은 무궁무진하다.

나의 꿈은, 사적으로는 두 아들이 원대한 꿈을 꿀 수 있는 환경을 만들어주는 것이다. 내가 성장하면서 겪었던 것처럼 공부, 공부, 공부를 강요해서 기업이 원하는 인재가 되게 만들고 싶지 않다. 꿈을 물어봐주고 그것을 이루기 위해 도전하는 것을 돕고 싶다. 그래서 다른 부모들처럼 어느 유치원에 보낼지 고민하지 않는다. 선행학습도 하지 않는다. 그냥 아이답게, 상상하는 능력에 관한 한 최고인 어린 시절을 마음껏 즐기게 하고 싶다. 그것이 나중에 큰 꿈을 꾸는 데 밑거름이 될 것이다.

그리고 내 아들들이 살아갈 세상을 좀 더 나은 곳으로 만들고 싶다. 좀 더 나은 세상을 만드는 것이 나의 꿈이다. 이 꿈을 이루기 위해 할 수 있는 것은 엄청나게 많다. 그 중에서 내가 좋아하고 잘하는 것으로 좋은 세상을 만드는 데 기여하는 것이다. 볼레 크리에이티브는 인공지능과 가상현실을 통해 사람의 외로움을 해결해주려는 기업이다.

최근 어머니의 건강이 악화가 되면서 집에 요양 간호사를 고용했는데 서로 마음이 맞는 사람을 고르는 일이 무척 어려웠다. 사람은 감정이 있는 동물이라 서로 궁합이 맞지 않으면 같이 지내기가 힘들다. 게다가 아픈 노인을 돌보는 사람일수록 감정노동의 스트레스는 더욱 올라간다.

우리 가족만의 문제가 아니다. 이미 시작된 고령화 사회에 노인들을 위한 복지는 턱없이 부족하고 앞으로는 이런 노인들을 돌볼 수 있는 사람의 수는 더욱 적어질 것이다. 이 문제를 해결하려면 어떻게 하면 좋을까? 대한민국의 출산율은 2015년 기준 1.25로 떨어졌다. 인구가 줄어드니 젊은 청춘들도 서로 마음이 맞는 사람을 만날 기회가 줄어든다. 노인들은 자신을 돌봐줄 사람들이 줄어든다. 이런 악순환이 계속된다면 외로움이 원인이 된 큰 사회적 문제들이 발생할 수 있다. 그렇기 때문에 외로움이 해결되면 세상은 좀 더 좋아졌다고 말할 수 있고 수익도 생긴다. 볼레 크리에이티브의 사업이 실패한다면? 그러면 다른 일을 통해 세상을 더 좋게 만들 수 있다. 사회사업을 할 수도 있고 다른 사업을 할 수도 있고 정치를 할 수도 있다. 에디슨이 전구를 발명하기 위해 만 번의 시도를 한 것처럼 나도 좋은 세상을 만들기 위한 것이라면 어떤 시도라도 할 수 있다.

페이스북의 CEO, 한때 내 직장 상사였던 마크 저커버그Mark Zuckerberg가 자기 지분의 99%를 챈 저커버그 이니셔티브Chan Zuckerberg Initiative 재단을 설립해 기부하겠다고 밝혔다. 지분의 현재 가치는 약 468억 달러, 우리 돈으로 약 54조 원에 달한다. 기부의 이유는 간단하다. 갓 태어난 딸에게 재산 대신 더 좋은 세상을 물려주겠다는 것이다. 참 멋지지만 황당하게 들리는 이유이기도 하다.

그 돈으로 무엇을 하겠다는 구체적인 방법은 없다. 어떻게 써야 할지 모르지만 그 돈을 가지고 사람들이 세상을 더 좋게 만드는 데 투자를 하겠다는 것이다. 확실한 답이 있어서, 이 돈을 이렇게 쓰면 세상이 바뀔 거라는 로드맵 따위는 없다. 그냥 황당한 꿈이다. 그 꿈을 지지하는 사람들이 모여서 그 꿈을 이뤄나가는 것이 하나의 사업이다. 직접 물어보지는 않았지만 나는 저커버그의 사고방식을 짐작할 수 있겠다. '54조를 투자하면 세상이 좋아질 것이다. 그러니 재산을 기부한다.'라는 게 아니다. '세상이 좋아지기를 바란다. 54조원으로 그것을 시도해보겠다.' 이런 순서가 되면 방법은 무궁무진하다. 세계의 기아를 없애는 데 쓸 수 있다. 교육사업에 쓸 수도 있다. 자연환경 보호에 쓸 수도 있다.

나의 꿈도 비슷하다. 나는 개인적으로는 내 자식들이 좋은 대한민국, 자랑스러워할 수 있는 나라에서 살았으면 좋겠다. 자기 꿈을 펼칠 수 있는 나라에서 살았으면 좋겠다. 역시 가는 길은 무궁무진하다. 기업을 성공시키는 사례를 보여줌으로써 청춘들에게 롤모델이 될 수 있다. 꿈을 향해 도전하는 사람들을 도와줄 수도 있다. 꼭 사업일 필요는 없다. 정치를 할 수도 있고 사회복지 사업을 할 수도 있고 농사를 지을 수도 있다. 나는 내가 무엇이 되려는 꿈을 가지고 있지 않다. 세상을 좋아지게 만드는 것이라면 무엇이든 할 수 있다. 대기업 사원이 된다는 것, 부자가 된다는 것, 국회의원이 된다는 것은 꿈이 될 수 없다. 그것은 개인적인 욕망일 뿐이다.

에디슨은 전구를 발명하고 나서 맞지 않는 만 가지 방법을 발견했을 뿐 실패하지 않았다고 했다. 이루고 싶은 꿈이 있다면 도전을 해보는 것이다. 그 꿈을 이루는 방법은 많다. 그 중에서 자기가 하고 싶은 일로 꿈을 이루면 된다. 하나의 방법으로 그 꿈에 도전했다가 실패하면 다른 방법으로 시도해보면 된다. 방법의 실패일 뿐 꿈의 실패는 아니다. 아직 9999가지 시도할 수 있는 방법이 남아 있기 때문이다.

내가 하는 볼레 크리에이티브도 마찬가지다. 나는 이 아이템이 반드시 성공할 거라고 자신하지 않는다. 그런 건 없었다. 맞는다는 생각은 있지만 확실하다는 건 아니다. 어려움이 많겠지만 어떤 가능성을 보고 가는 것이다. 그 가능성이 현실이 된다면 그 꿈의 조각 중 하나를 맞춘 것이고 아니라면 다른 시도를 하면 된다.

이런 말을 기성세대의 가치관에 찌든 사람들에게 하면 '철없는 소리 좀 그만하라'고 할 것이다. 내가 선택을 할 때마다 들었던 말이다. 이런 낡은 가치관과 싸워야 자신이라는 존재를 지켜낼 수 있다. 나는 한 방에 월급이 4배 가까이 뛰어본 적도 있고 연봉 2억 원을 받은 적도 있다. 초봉이 2천만 원이었으니까 매달 10배의 월급을 받았다. 그런데 많은 돈이 주는 만족감은 처음 몇 번만 지나면 금세 익숙해져서 별다른 만족감을 주지 못했다. 한계효용의 법칙을 배웠을 것이다.

그런데 일은 다르다. 즐겁지도 흥분되지도 않는 일은 매순간 고통을 주고 짜증을 유발한다. 인생을 고통과 짜증으로 채워가는 것이다. 지금 당장 더 많은 돈을 주고 좀 더 확실한 안정을 보장하지 않으면 움직이지 않겠다면 그렇게 사는 수밖에 없다. 다들 그렇게 산다고, 그러니 철없는 소리 하지 말라고 기성세대는 말할 것이다. 정말 그렇게 살아야 하는가. 나로서는 참 끔찍한 일이다.

안정과 돈만을 추구하면서, 불안을 회피하면서 짜증과 고통을 축적해가는 인생을 살고 싶은가? 나는 꿈을 완성시키는 일, 내가 즐겁게 할 수 있는 일, 나를 흥분시키는 일을 하면서 살고 싶다.

어릴 때부터 묶여 있었던 코끼리는 충분히 성장한 후에도 사슬을 끊어버릴 생각을 하지 못한다고 한다. 사슬은 네가 무엇을 좋아하든 월급 줄 곳에서 요구하는 스펙을 쌓아야 한다는 낡은 가치관이다. '무엇을 좋아하고 무엇을 싫어하는가?' 이것이 타인과 나를 구별하는 중요한 요소다. 스스로에게 무엇을 좋아하는지, 무엇을 할 때 즐거운지 물어본 적이 언제인가? 인재가 되는 것보다 꿈꾸는 존재가 되는 것이 먼저다.

허황된 꿈은
없다

사람들은 생각 없는 질문을 참 많이 한다. 3년 전 가상현실과 그것의 산업적 가능성에 대한 강의 요청과 함께 멍청한 질문도 쇄도했다. 오큘러스가 자본력 있는 유명한 기업에 인수가 되었고 가상현실이 산업적으로도 상당히 매력적이라고 판단되면서 이걸 어떻게 바라봐야 하는가, 하는 질문이 제기되었다. 그런데 답을 가진 사람이 없었다. 그러니 그 회사에 있었던 나에게 올 수밖에 없었던 것이다.

부르는 곳이면 어디든 달려가서 내가 아는 것, 내가 기대하는 가상현실의 미래를 말했다. 강의가 끝나면 '내가 좀 아는데'라는 뉘앙스를 풍기며 자신의 우수함을 뽐내려는 사람들이 꼭 있었다. 예의를 차리는 듯 에둘러 표현하긴 하지만 그들이 말하고 싶은 핵심은 이런 거였다.

'네가 가상현실 전문가야? 너는 엔지니어도 아니고 영업맨이었잖아. 네가 사업을 알아? 사업을 해본 적도 없잖아. 그러면서 왜 가상현실의 전문가인 양, 사업가인 양 강의를 하고 다니는 거야?'

나는 엔지니어가 아니다. 그래서 가상현실 기기를 만들지 못한다. 볼레 크리에이티브를 시작하기 전이니 사업을 해본 적도 없다. 그런데 나는 스스로 가상현실 전문가라고 한 적이 없고 사업가인 양한 적이 없다. 내 의견을 말했을 뿐이다. 나도 에둘러 대답하긴 했지만 상대방에게 전하고 싶은 메시지는 이거였다.

'그럼 가상현실 전문가는 누군데? 마크 저커버그는 SNS 전문가라서 페이스북을 만들었니?'

우리는 여러 상황에서 여러 멍청한 질문을 받는다. 자칫하면 질문의 멍청함에 전염되어 멍청한 프레임에 갇히게 된다. 꿈에 대해서도 마찬가지다. 꿈을 실천하는 삶을 선택한 사람은 수시로 멍청한 질문을 받는다. 여러분이 '나에게는 이런 꿈이 있다'고 밝히면 당장 멍청한 질문이 날아올 것이다.

'그런 게 되겠어? 방법이 뭔데?'

방법이 뭔지 대답하려는 순간이 멍청함에 전염되는 순간이다. 방법을 알아서 꿈을 꾸는 게 아니다. 꿈을 꿨으니까 방법이라고 생각되는 것들을 시도하는 것이다. 꿈이 있어도 한동안 도전할 방법조차 찾지 못할 수 있다. 그래도 괜찮다.

전기자동차로 유명한 테슬라Tesla의 일론 머스크Elon Musk는 인간은 우주로 나가야 한다는 황당한 생각을 오래전부터 갖고 있었다. 소행성 충돌, 대규모 화산폭발로 인류는 언제든지 멸종할 수 있다. 이에 대한 대비를 하려면 우주 개척은 반드시 필요하다. 그의 꿈은 지구적인 재앙이 와도 인류가 생존하는 것이다. 우리나라 청춘들이 꾸는 어떤 꿈도 그의 꿈만큼 황당하지는 않다. 일론 머스크가 한국의 청춘이고 그가 이런 꿈을 말했다면 절대다수가 '쓸데없는 소리 하지 말고 취직이나 해.'라며 면박을 주었을 것이다.

그는 꾸준히 자신의 꿈을 실현해 나가고 있다. 스페이스X는 2016년 초 1단계 추진 로켓 회수에 성공했다. 추진체는 탑재된 물체를 우주까지 배달하면 버려지는 너무 비싼 일회용이었다. 이 기술로 발사 비용을 1/10 수준까지 낮추는 데 성공했다. 이후 반복적으로 실험을 성공시키고 있다. 2018년에는 화성탐사선을 발사할 계획을 갖고 있다. 그는 인류가 우주를 개척하는 방법이 아니라 먼저 꿈을 꾸었다. 그리고 자신의 꿈을 전파하고 같은 꿈을 꾸는 사람들을 모았다. 구체적인 방법은 스페이스X의 기술자에게서 나온 것이다.

여기서 또 하나의 멍청한 질문이 나올 수 있다.

'발사 비용을 줄이고 무인탐사선을 화성에 보낸다고 우주를 개척할 수 있겠어?'

될지 안 될지는 해보지 않으면 모른다. 거대한 그림에 붓질 한 번 하듯,

거대한 건물에 벽돌 하나 쌓듯, 1000조각짜리 퍼즐의 한 조각을 찾아내듯 할 수 있는 일을 하면서 꿈의 방향으로 한 걸음 한 걸음 나아가는 것이다.

이밖에도 우리가 일상적으로 듣는 멍청한 질문들이 있다.

"그거 해서 먹고 살겠니?"

"그런 게 되겠어? 방법이 뭔데?"

"돈 있어?"

"경기가 이렇게 어려운데 되겠어?"

"사회경험을 좀 쌓고 하지 그래. 경험도 없이 되겠어?"

우리가 수없이 들어온 질문들이다. 그리고 스스로에게 하는 질문이다. 질문의 형식이긴 해도 담겨 있는 메시지는 이것이다.

'꿈은 이루어지지 않아.'

이런 질문이 나오는 것은 그들의 머릿속에 낡은 가치들이 탑재되어 있기 때문이다. 그 질문들에 말려들어 멍청함에 전염되는 것 역시 낡은 가치가 똬리를 틀고 있기 때문이다.

허황된 꿈은 없다. 슈퍼맨 같은 초능력자가 되겠다는 꿈 역시 허황되지 않다. 아이언맨처럼 수트를 개발할 수도 있고 유전공학을 선택할 수도 있다. 지금 세계적인 물리학자, 천문학자 중에는 SF드라마 〈스타트랙〉을 보고 꿈을 키운 사람들이 많다. 황당하고 철없는 꿈이 그들을 이끌었다.

꿈만 꿀 수 있다면 방법은 찾으면 된다. 방법이 보이지 않는다고 포기해서는 안 된다. 우리는 낡은 가치가 제공하는, 이미 정답이 있는 길을 가도록 훈련받았다. 그 정답은 이미 정답이 아니다. 우리는 답이 없는 길로 가야 한다. 새로운 답을 만들면서 가야 한다. 뜻이 있는 곳에 길이 있다고 했다.

이순신 장군은 12척의 배로 300척의 적군을 이길 수 있어서 싸운 게 아니라 이겨야 했기에 12척의 배로도 이길 방법을 찾아냈다. 방법이 있어야 꿈을 꾼다는 사고방식은 좌절을 부르고 낡은 가치로 돌아가게 만든다. 확실한 방법이 있어야 도전한다는 사고방식 역시 좌절을 부른다. 세상에 그런 것은 없다. 지금 할 수 있는 도전을 하면서 역량을 쌓아가면 꿈은 점점 가까이 다가온다.

4

낡은 가치가
꿈을 방해한다

사랑은 받고
조언은 버려라

돈이 많아서 보내준 유학이 아니었다. 두 분 다 교직에 계셨지만 가난은 오랫동안 우리 집을 떠나지 않았다. 가난은 화재에서 시작되었다. 내가 유치원생일 때 집에 불이 났다. 집안일을 해주시던 할머니가 '불이야!' 소리를 질렀고 나도 그 소리에 잠을 깼다. 엄마를 부르면서 문을 열자 불길이 방 안으로 몰려들었다. 얼른 방문을 닫고 구석에 쪼그리고 앉아 있었다. 문틈으로 시커먼 연기가 스며들었다.

무서워서 울지도 못하고 있을 때 방문이 열리면서 아버지가 들어오셨다. 약수터에서 돌아오시다가 불이 난 것을 보고 뛰어 들어오신 거였다.

"아빠!"

아버지는 겨울 점퍼에 나를 감싸 안고 뛰어나가셨다. 그 와중에 내 손과 발은 화상을 입었고 아버지의 머리와 옷에도 불이 붙었다. 불길이 거세지는 바람에 아버지는 다시 내 방으로 가지 못하셨다. 그렇게 부모님은 딸을 잃으셨다. 내 방에서 잠들어 있던 동생을 구하지 못하신 것이다. 어머니는 화상이 심해서 허벅지 피부를 이식받는 수술을 받으셨다.

화마가 삼켜버린 2층집은 부모님이 빚을 내서 지으신 것이었다. 1층은 가게를 하고 있었다. 빚쟁이들이 집으로 찾아왔던 기억이 나에게도 있으니 부모님이 받았을 압박은 크셨을 것이다. 딸을 구하지 못했다는 자책감, 갚을 길이 까마득한 빚. 당시에는 정말 살기 싫었다고 나중에 어머니가 말씀하셨다. 그런데 화상을 입고 누워 있는 아들이 보였다. 두 분은 이를 악물고 빚을 갚아나가셨다. 그래서 나도 용돈을 제대로 받아본 적이 없다. 어머니 지갑에서 몇 백 원 슬쩍 하는 게 내 용돈이었다.

그런 와중에 힘들게 유학을 보내주신 거였다. 캐나다에 살고 있던 외할아버지가 불러주셔서 가능한 유학이었다. 고등학교 때인가, 어머니가 캐나다에 오셨을 때 대든 일이 있다.

"엄마가 나한테 돈 대준 거 말고 해준 게 뭐가 있어요? 여기서 힘들게 영어 배우면서, 인종차별 당하면서 이 정도까지 해주는 거에 대해서 고맙지는 않아요?"

나에게 더 나은 미래를 남겨주기 위해 투자를 하고 계셨던 것인데 어머니의 꿈을 이루어드리기 위해 살아간다는 생각을 했던 것이다.

중학교 2학년 여름에 캐나다로 가면서 1학년으로 낮춰 입학했다. 유학생이 대학을 가려면 토플 시험을 별도로 봐야 하는데 정규 교과 6년을 다니면 면제가 되었다. 첫해는 언어가 안 통해서 헤맸지만 2학년 때는 우수학생까지 올라갔다. 3학년 때는 전교 석차도 상위권까지 갔다. 외할아버지께서 따라가지 못하는 외손자가 안쓰러워 상장 하나에 20달러의 현상금을 거셨다. 2학년 때는 7개, 3학년 때는 13개의 상장을 받았다. 우수학생으로 뽑혀서 학교에서 보내는 여행도 다녀왔고 수학은 전교 1등이었다.

고등학교는 그 지역에서 날고 긴다는 애들이 모인 곳이었다. 우리나라 특목고처럼 페이스도 빨라서 1학년 때 2학년 내용을 배웠고 3학년 때는 대학교 1학년 과목을 배웠다. 버거워도 겨우겨우 따라가서 30명이 있는 반에서 10등 정도 했다.

이민 1세대인 이모, 이모부는 그 나라의 3D 업종에서 시작해 샌드위치 가게를 하고 있었다. 외할아버지와 외할머니는 그 딸이 불러서 가신 거였다. 생활영어만 되었지 학교 공부를 안내해줄 사람은 없었다. 사촌동생은 가난한 나라에서 온, 영어도 못하는 '멍청한 사촌형'을 무시하기에 바빴다. 이런 환경에서 상위권 고등학교에 진학해 상위권 성적을 유지하는 것만도 나로서는 대견했다. 그러나 어머니의 기대는 더 높았다. 그래서 성적이 낮다고 꾸지람을 하셨고 사춘기인 아들은 '나도 다른 친구들처럼 엄마 보살핌을 받고 싶다'는 응석을 못되게 표현한 것이었다.

나는 집안을 일으켜 세워야 할 아들이었다. 그래서 없는 돈에 유학까지 보내셨다. 딸도 잃고 재산도 잃고 기댈 수 있는 건 아들에 대한 희망뿐이셨다. 아들에게 모든 것을 걸었고 그 아들 때문에 사셨다.

나를 위한 희생을 생각하면 나는 최선을 다해 부모님의 기대에 맞는 삶을 살아야 했다. 자식에게 거는 부모의 기대란 게 대부분 크게 다르지 않다. 우리 부모님도 마찬가지였다. 아버지는 내가 의사가 됐으면 좋겠다고 하셨고 어머니는 말을 조리 있게 하니까 법조계로 갔으면 좋겠다고 하셨다. 전산학과로 가면서 그 기대는 접으셔야 했지만 그래도 내가 갈 수 있는 한에서 제일 안정적이고 연봉이 높으며 사회적으로 알아주는 회사에 들어가기를 바라셨다. 비슷한 스펙을 가진 내 친구들은 외국계 기업이나 대기업에 들어가서 부모들의 기대와 주변의 예상을 만족시켜드렸다.

그런데 나는 '왜 꼭 대기업에 가야 할까? 좋은 직장이 답일까?'라는 의문을 가지고 있었다. 그렇다고 내 나름의 확고한 꿈이 있지도 않았다. 1학년 내내 놀고 2학년 때 학사경고를 받은 것도 무엇을, 왜 공부해야 하는지 몰랐기 때문이었다. 대학 졸업장은 있어야 한다고 해서 대학에 갔고 취업이 잘 된다고 해서 전산학과로 갔다. 그렇게 기성세대가 검증한 성공공식에 떠밀려 살았다. 군복무를 마치고 복학을 하고서는 수학과로 전과를 했다. 친구에게 수학과에서 응용통계를 공부하면 보험계리사라는 직업을 가질 수 있는데 연봉이 높다는 말을 들었기 때문이었고, 시험에 떨어졌다. 그러고 있던 차에 운 좋게도 한국에 있는 게임회사에서 제안이 왔고 나는 기다렸다는 듯이 제안을 받아들였다.

아버지 어머니는 내가 세상에서 제일 존경하는 분들이다. 또한 더없이 사랑하는 분들이다. 나에 대한 그들의 사랑 또한 의심해본 적이 없다. 그러나 그들의 조언을 들었다면, 그들이 만족할 만한 선택을 했다면 지금쯤 나는 사 오정을 목전에 두고 있는 직장인이 되었을 가능성이 높다. 그 길로 가지 않았으니까 어떻게 되었을지 확실히는 알 수 없다. 그러나 지금의 내가 없었을 거라는 사실은 분명하다.

여러분이 지금까지 하던 입사 준비를 멈추거나 다니는 회사에 회의감을 가지면 당장 '그러면 어떻게 할 거냐?'는 질문을 받을 것이다. 그러나 방향이 맞지 않으면 멈추는 것이 먼저다. 같은 약을 계속 먹어도 병이 낫지 않으면 일단은 그 약을 먹지 않아야 한다. 기성세대가 만병통치약이라고 했던 성공 공식이 청춘들의 삶을 아프게 하고 있다.

진심으로 나를 사랑하는 사람들의 걱정과 조언은 무시하기 힘들다. 단기적으로는 그들의 안내대로 가는 것이 더 쉽다. 그러나 시대의 변화에 따라 더 이상 약효가 없는 것이라면 버려야 한다. 사랑은 받고 조언은 받지 말아야 한다.

새로운 길을 모르는 것이 당연하다. 경주마처럼 눈가리개를 하고 뛰어왔는데 새로운 길을 보는 안목이 있을 리 없다. 꿈을 상상해내고 그 길을 가더라도 그 선택은 환영받지 못할 것이다. 환영받을 거라는 기대를 버려야 흔들리지 않는 선택을 할 수 있다.

타인의 시선이
내 인생을
책임져주지 않는다

남의 시선에 민감한 사람들이 많다. 남을 만족시키기 위해 사는지 자신을 위해 자신의 인생을 사는 건지 의심이 드는 경우도 적지 않다. 깊고 넓은 바다를 버리고 먹이와 칭찬을 받고 사는 춤추는 고래가 되고 싶은 것일까? 고래가 사람들 앞에서 춤을 추는 것은 이상행동이지 결코 정상적인 고래의 행동이 아니다.

남의 시선을 신경 쓰는 만큼 남의 인생에 간섭하는 사람도 많다. 특히 자신과 다른 생각을 가진 사람, 자신과 다른 길을 가는 사람 보기를 힘겨워하는 것 같다. 남들이 다 대학을 가는데 왜 가지 않느냐며 닦달하고, 남들 결혼하는데 왜 하지 않느냐고 닦달하고, 결혼을 하면 왜 아이를 낳지 않느냐고 닦달

한다. 그렇게 간섭대로 살다보면 남의 인생을 살게 된다. 타인의 시선을 의식하면서, 타인의 간섭에 굴복하면 자신의 꿈을 실천하는 인생을 살지 못한다.

오큘러스에서 일할 때 이웃에게 '혹시 백수세요?'라는 무례하고 황당한 질문을 받은 적이 있다. 사소한 원인을 따지자면 내 식성 때문이다. 어머니는 출근하시면서 어린 아들에게 종종 점심 값으로 1,500원을 주셨다. 비빔밥이라도 사 먹으라고 주신 돈인데 용돈을 받지 못했던 나는 그 돈을 꼬불쳤다. 가락동 시영아파트 뒤에 있는 시장에 가면 접시에 수북하게 나오는 떡볶이가 400원이었다. 여기에다 50원짜리 만두 두 개를 추가하면 맛있고 배부른 점심이 되었다. 그때 너무 맛있게 먹은 기억 탓인지 지금도 떡볶이는 내게 훌륭한 간식이다. 추억의 음식이 또 하나 있는데 새우탕면이다. 군복무를 할 때 경비소대여서 사단장 공관을 지키러 나가는 날이 있었다. 그때마다 운전병에게 편의점 앞에 세우라고 해서 새우탕면을 샀다. 새우탕면 역시 지금까지 즐겨 먹고 있다.

사무실도 없고 꼭 출근해야 하는 게 아니니까 아내가 출근하고 나면 아들을 어린이집 데려다주고 데려오는 일을 내가 맡았다. 외부 미팅이 없는 날에는 씻지도 않고 옷도 대충 걸치고 아들 손을 잡고 어린이집으로 갔다. 거의 매일 트레이닝복을 걸치고 부스스한 몰골로 오는 사람이 어쩌다가 차려입고 나타난다. 출근을 하지 않는 것은 확실하고 가끔 차려입는 걸로 봐서는 면접을 보고 다니는 게 아닐까라고 생각했던 것 같다.

그러다가 점심 때 편의점에서 '초라한 몰골'로 삼각김밥과 새우탕면을 사 들고 오다가 그 이웃에게 목격되었다. 그로부터 얼마 후 승강기를 같이 탔다.

"저, 혹시 백수세요?"

'백수 아닙니다. 이래 봬도 제가 연봉 1억을 받는 오큘러스의 한국지사 장입니다.'라고 말하지 않았다.

"아, 네, 뭐, 백수 같이 살죠."

그러고 의미심장하게 웃었다.

연봉 1억이어서 당당했던 게 아니다. 당시 나는 상당한 좌절감을 맛보고 있었다. 가상현실을 이용해 게임을 만들어보라는 내 제안에 관심을 보이는 게임회사는 단 한 곳도 없었다. 1년여 동안 단 한 곳의 흥미도 끌지 못했다. 가상현실은 영화처럼 여러 사람에게 한꺼번에 보여줄 수가 없다. 개발자, 기획자 등 20명이 오면 한 번에 한 명씩, 5분씩만 체험하게 해도 100분이다. 3D 안경처럼 쓰기만 하면 되는 게 아니어서 알려줘야 하는 것도 많다. 그렇게 일일이 안내를 해가면서 가상현실 기기가 앞으로 뜰 거고 이러이러한 장점이 있다고 설명해도 반응은 싸늘했다.

"해상도도 부족하고 기능도 별로고 너무 어지럽네요. 이거 상품성 없는 것 같은데요."

단점에 대한 지적이나마 이렇게 말이라도 해주면 그나마 친절한 반응이 었다.

"예, 알겠고요. 열심히 하세요."

이런 무관심이 더 좌절감을 느끼게 했다.

때때로 충고랍시고 이렇게 말하는 사람도 있었다.

"왜 이런 일을 하세요? 그냥 오토데스크에 계셨으면 좋았을 텐데."

이해는 된다. 오토데스크에서 잘나가던 사람이 갑자기 이상한 기계를 들고 와서 당신들 예산으로 게임을 만들어보라고 제안하는 상황이었다. 그들 입장에서는 말도 안 되는 이야기를 하고 다니는 거였다. 이전의 관계가 있어서 함부로 대하는 사람은 없었지만 '저 사람이 왜 저렇게 됐지?'라는 시선이 느껴졌다.

이런 소문이 오토데스크에도 흘러 들어갔던 모양이다. '상황이 별로 안 좋다는 거 들었다. 다시 들어오라'는 제안을 했다. 솔직히 말하면, 솔깃했다. 연봉까지 깎아가면서 호기롭게 시작한 일이다. 아내 볼 낯도 없고 자식은 있고 결과는 나오지 않는 상황이었다. 그래도 버텼다. 실패하고 싶지 않았고 포기하는 순간 실패라고 생각했다. 칼을 뽑았으니 두부라도 잘라야지, 뭔가 보여주고 싶었다.

처음에는 인맥을 통해 '한번 봐주세요.'라고 접근을 했다. 이게 비효율적이어서 가상현실 카페를 개설해 관심을 유도했다. 시간이 지나면서 가상현실에 대한 관심이 높아졌고 시연을 해달라고 요청하는 기업이 생겼다. 제품이 업그레이드되면서 한 번 경험했던 사람들이 '지난번보다 많이 좋아졌네요.'

라는 반응을 보였다. 그러던 와중에 페이스북에 팔리면서 업계의 관심이 폭발적으로 늘어났고 동시에 '우리만 뒤처지는 거 아냐?'라는 업계의 불안도 커졌다.

워낙 유명한 기업에 인수가 되었고 산업적으로도 상당히 매력이 있다는 판단이 다수가 되기 시작하니까 '산업으로서 가상현실의 미래는 어떤가?'라는 질문이 대두되었다. 그런 와중에 답을 가진 사람이 없으니 지금은 여기저기서 강의 좀 해달라는 요청이 쇄도하고 정부기관에서도 조언을 요구하고 있다.

어릴 때부터 우리는 부모님의 칭찬을 염두에 둔 꿈을 꾸었다. 어린 시절 언젠가는 모두가 황당한 꿈을 꾸었다. 그러나 그 꿈은 기성세대의 지지를 받지 못했다. 어른들의 지지를 받는 꿈은 남들이 다 가는 정체된 고속도로였다. 그런 시간이 지나면서 자기 인생의 꿈을 타인의 시선에 맞춰 꾸었던 것은 아닐까?

백수냐고 묻는 말, 취업은 했느냐는 말, 연봉은 얼마나 되느냐는 말, 얼마나 큰 회사냐고 묻는 말에 긴 설명을 할 필요는 없다. 같이 꿈을 이뤄나갈 동지가 필요한 것이지 모두의 동의를 받을 필요는 없다. 그냥 의미심장하게 씩 웃는 것으로 충분하다.

꿈을 향해 나아간다고 좌절이 없는 건 아니다. 불안도 있다. 연봉 2천짜리 게임회사 직원일 때, 남들이 보기에는 초라하고 한심해 보여도 내 꿈의 커

다란 그림 중 일부를 그리고 있는 중이었다. 잘나가던 사람이 왜 저러고 있나, 라는 시선을 느꼈을 때도 나는 내 꿈의 가능성을 홍보하고 있는 중이었다. 꿈을 이뤄나가면서 좌절이 없을 거라고 생각하는 건 꿈의 가치를 낮게 보는 것이다. 한 치의 흔들림도 없을 거라고 생각하는 것은 오만이다. 좌절에 넘어지고 불안에 흔들리면서, 그래도 나아가야 한다. 꿈은 좌절과 불안을 넘어야 이루어진다.

외로움 없는
세상을 꿈꾼다

"글쎄, 아직 잘 모르겠는데."

사람들은 뜨악한 반응을 보였다. 고작 4년을 못 기다려서 70억 원을 포기하고 나올 때는 뭔가 기막힌 사업 아이템이 있을 거라고들 생각했다. 직장과 달리 사업은 돈을 투자해야 하고 그러고서도 망할 수 있다. 최소한 70억 원보다는 훨씬 더 많은 돈을 벌 수 있다는 기대가 있어야 한다. 낡은 가치로 보면 이렇게 계산하는 것이 맞다.

가상현실이라는 엄청난 시장이 만개하기 전에 사업을 시작해야 한다는 계산도 있었지만 그것이 전부는 아니었다. 직장인으로 4년이라는 시간을 참으면서 내 인생을 낭비하고 싶지 않았다. 또 페이스북에서의 일은 내 꿈을 완성해가는 데 도움이 되지 않는다고 판단했다.

일반적으로 사업을 시작할 때는 두가지 방향이 있다. 하나는 세상에 존재하는 문제를 인식하고 해결하는 방식이다. 셀카봉은 이런 방식의 좋은 예다. 페이스북, 인스타그램Instagram, 카카오스토리KakaoStory 등과 같은 SNS Social Network Service가 등장하면서 사진은 단지 내가 본 것을 추억하고 간직하기 위해 찍는 것이 아닌 남들에게 내 라이프스타일을 공유하기 위한 것으로 인식하기 시작했다. 풍경만 찍으면 본인이 거기 갔다는 것을 인증할 수 없고 그렇다고 늘 사진을 찍어줄 동반자가 있는 것도 아니다. 그리고 풍경과 본인을 동시에 담기에는 팔이 너무 짧다. 이걸 한 방에 해결해준 것이 셀카봉이다. 사람들이 감수하고 있는 불편을 발견해서 그것을 해소해주는 사업방식이다.

다른 하나는 아이폰이나 가상현실처럼 불편함을 해결해주는 것이 아니라 새로운 아이디어를 제시하여 구매욕구를 자극하는 방식이다. 굉장히 기발한 아이디어와 새로운 비전을 갖고 있어야 하고 큰 자본이 필요한 경우가 많다. 멋지지만 낯선 것을 받아들이게 하려면 돈이 많이 드는 법이다.

나는 이미 나와 있는 문제를 해결하는 방식을 선택했지만 일반적인 방식은 아니었다. 보통은 내가 게임산업 쪽의 전문가이니까 게임회사를 만들어야겠다, 유통 분야에서 오래 일했으니까 유통회사를 설립해야겠다는 방식으로 창업을 한다. 그러면 회사를 창업해서 그 분야의 전문가를 채용하고 '우리는 게임 개발회사입니다, 해산물 유통 전문입니다.'라고 소개한다. 페이스북을 그만두고 내가 스스로에게 한 질문은 이거였다.

'회사를 하나 만든다고 하면 나는 뭘 해결하고 싶은 거지? 나는 뭘 불편해 하면서 살고 있지?'

이 질문 끝에 나온 답이 외로움이었다. 사춘기에 부모님과 떨어져 캐나다로 가는 바람에 비교적 이른 시기에 외로움을 느꼈다. 외가가 있었지만 내가 한 살 때 이민을 가셨기 때문에 살가운 느낌은 없었다. 그리고 소수민족으로서 느끼는 소외감도 컸다. 나이가 들어서도 외로움은 떠나지 않았다. 해외 출장을 가면 시차 때문에 잠을 자지 못했다. 한창 일할 시간에 채팅하면서 놀아달라고 할 수도 없고 현지에 친구가 있는 것도 아니니까 혼자 견뎌야 했다.

나만 외로운가? 자살하는 노인이 늘고 있다는 뉴스는 오래전부터 들었다. 건강, 가난, 상실감과 함께 외로움이 노인 자살의 중요한 이유라고 한다. 사회생활을 하는 사람들은 직장 동료라도 만나지만 은퇴를 하고 나면 만날 사람이 없다. 탑골공원의 노인들도 사람이 그리워서 나오는 분들이다.

노인들만 외로운가? 우리 사회는 온통 외로운 사람들 천지다. 나이 꽉 찬 총각들은 외롭다면서 소개팅을 시켜달라고 한다. 각종 소셜 네트워크 활동을 열심히 하는 것도 외로움의 영향이고 반려동물을 키우는 것도 마찬가지다. 외로움은 추상적이고 개인의 문제인 것 같지만 실은 사회구조에서 비롯되는 문제다. 외로워서 자살하는 사람은 자신이 죽어도 아무도 슬퍼하지 않을 거라고, 세상에서 나를 사랑하는 사람은 아무도 없다고 생각한다. 이런 생각은 노인이 되면 더 심해진다. 폭행과 같은 우발적인 범죄도 외로움이 영향을 미치는 게 아닌가 생각한다. 외로움이 키운 불안과 화가 엉뚱한 대상에게 폭발하는 것이다.

외로움은 사회적 문제이고 해결해야 할 외로움도 너무나 많다. 어떻게 해결할 수 있을지도, 그것을 통해 어떻게 수익을 낼지도 모르지만 해결만 할 수 있다면 그것은 좋은 사업이 되지 않을까.

가장 바람직한 방법은 사회복지사나 심리상담사가 질 높은 케어를 해주는 것이다. 노인이 외로울 때 언제든지 달려가서 말을 들어주고 손을 잡아주면 된다. 회사에서 부장으로서 느끼는 외로움에 괴로워하는 사람이 도움을 요청하면 심리상담사가 달려가서 상담을 해주면 된다. 그리고 개별화되어 있는 우리 사회의 공동체를 회복하면 된다. 이렇게 하면 되는데 현실적으로 거의 불가능하다.

보통은 낮보다 밤에 더 외롭다. 새벽 4시에 잠에서 깬 노인이 외로우면 어떻게 해야 하는가? 최소한 노인 인구의 서너 배가 되는 사회복지사가 있어야 하는데 불가능하다. 반대로 갈수록 젊은 세대가 줄어드니까 노인을 케어할 복지 인력도 줄어든다. 한 사람의 사회복지사가 맡아야 할 노인 인구는 더 많아지고 노인은 더 외로워질 것이다. 또 우리나라는 정서적인 문제를 정신병으로 취급하는 분위기가 있어서 외로운 사람들도 어지간해서 도움을 요청하지 않는다.

이런 상황에서 외로움이라는 문제를 해결하려면 관계를 지속적으로 쌓아나갈 수 있고 원할 때면 언제나 대화할 수 있어야 하고 마음을 털어놓고서도 안심할 수 있는, 믿을 수 있는 존재가 필요하다. 그런 존재가 있다면 우리가 느끼는 외로움의 상당 부분이 해결될 수 있다.

그런데 사람만 가지고는 이 모든 문제를 해결할 수 없다. 특히 감정노동이 심한 노인 돌보는 일은 사람이 더욱 부족하다. 그렇다면 기계밖에 없고 사람의 말에 어느 정도 반응을 해주려면 인공지능이 현재로서는 가장 좋은 대안이다. 나는 어릴 때 여자 친구에게 말하는 방식으로 일기를 썼다. 물론 피드백은 없었다. 여자 아이들은 마루인형을 갖고 놀면서 온갖 이야기를 다 한다. 이 역시 피드백은 없다. 기독교인들은 하나님께 기도하지만 바로 피드백을 해주지 않는다. 그래도 위로가 된다.

말을 들어주는 사람이 없을 때 혼잣말을 하는 것도 같은 심리가 아닐까 생각한다. 아직까지 인공지능이 사람처럼 대화하지는 못하겠지만, 간단한 피드백은 해줄 수 있다. 사람들은 대부분 듣는 것보다 말하는 것을 좋아하니까 그것으로 대화를 했다고 느낄 것이다. 여기에 몇 가지 질문이 가능하다면 말을 끌어내기에 더욱 좋을 것이다. 이왕 대화하는 거면 허공에 대고 하는 것보다 눈에 보이는 상대가 있으면 좋지 않을까?

이렇게 해서 '인공지능과 가상현실을 이용해 외로움을 해결해보고 싶다'는 결론이 나왔다. 여기까지가 혼자서 생각한 사업 아이템의 전부였다. 외로움을 해결하면서 어떻게 돈을 버는 기업이 될 수 있을지도 아직 알지 못했다. 외로움을 해결한다면 그 자체로 좋은 사업일 것이고 그러면 돈은 저절로 생길 것이다. 이것이 내가 사업을 생각하는 순서다.

함께 꾸는 꿈은
현실이 된다

나는 프로그래머가 아니다. 가상현실이라는 콘셉트를 팔러 다녔지만 기본 개념만 이해할 뿐 그것이 어떻게 구동되는지는 알지 못한다. 인공지능 역시 기본적인 것만 알지 전문가가 아니다. 나는 이 모든 분야에서 전문가가 아니다. 그래도 사업을 하는 데는 지장이 없다. 내가 모든 답을 알고 있을 필요는 없다. 어떤 문제에 봉착했을 때 그 답을 알고 있는 사람이 누구인지를 아는 것이 더 중요하다. 사업가는 필요한 인력을 빨리 찾아내고 그들에게 일을 배분해서 원하는 목표를 최단 기간 내에 이루는 사람이다. 사업가는 돈보다 시간을 아껴야 한다.

인공지능 전문가도 만나고, 게임 개발자도 만나면서 서로 정보를 교환했다. 그리고 사람을 소개받았다. 회사를 차려놓고 채용공고를 내는 게 가장 간단한 방식이긴 하다. 사람보다 일자리가 부족한 세상이니 우수한 인재들을 채용할 수 있을 것이다. 그러나 지금 필요한 사람은 나와 같은 꿈을 꾸는 전문가였다. '외로움 해결 사업'이라는 큰 꿈에 기꺼이 동의하고 함께 그 꿈을 실현해나갈 사람이 필요했다.

브랜든이 내게 했던 것처럼 '약'을 팔았다.

'지금 있는 직장에 만족하세요? 뭘 하고 싶어요? 앞으로 미래는 어떻게 전개될 것이라고 생각하세요? 내가 생각하는 미래는 이런데, 어떻게 생각하세요? 내가 이런 사업을 생각하고 있는데 어때요?'

이런 질문을 던졌다. 내가 가상현실을 체험하고 흥분되었던 것처럼 외로움 해결 사업에 나처럼 흥분하는 사람을 찾으려고 한 것이다. 그렇게 해서 꿈의 동조자 6명을 만났다. 그들은 모두 게임업계의 대기업에서 근무하고 있었다. 우리는 매주 일요일에 만났다. 4시간 동안 무엇을, 왜, 어떻게 할 것인가에 대한 이야기를 했다. 그러던 중 2명은 떠나고 새로 2명이 참가했다. 6개월 동안 꿈을 공유하는 과정을 거친 후에야 비로소 창업을 했다. 6명은 공동 창업자였고 이후에 들어온 3명은 직원이다. 자본은 내가 투자하고 있지만 직원들도 지분을 가지고 있다. 나 혼자만 부자가 되는 건 별로 재미없다.

그렇게 해서 볼레 크리에이티브가 탄생했다. 'VoleR'는 프랑스어로 '날다, 비상하다'라는 의미이지만 우리말로 하면 '볼래?'라는 의미도 된다. 대문자 VR은 가상현실을 뜻하고 'ole'는 눈과 코의 모양을 나타낸다. 합치면 VR 기기를 쓰고 있는 사람이 된다. 작명 센스가 있는 공동창업자가 지은 회사명이다. 그리고 구체적인 사업은 '인공지능과 가상현실을 이용한 연애 시뮬레이션 게임'으로 정해졌다.

이세돌과 알파고의 대결이 있었다. 바둑에서만큼은 컴퓨터가 인간을 이기지 못할 거라는 오랜 믿음을 깨고 대결은 알파고의 완승으로 끝났다. 알파고는 바둑만을 위한 인공지능이 아니다. 어떤 데이터를 넣느냐에 따라서 변호사도 될 수 있고 회계사가 될 수 있고 은행원이 될 수도 있다. 딥러닝Deep Learning이라는 인공지능 기술도 중요하지만 더 중요한 것은 거기에 어떤 데이터를 담느냐는 것이다. 그것이 인공지능의 진정한 가치다. 그래서 구글이 학습능력만 있는 인공지능 기술을 공개한 것이다.

우리는 이 인공지능에 24시간 대기하고 있는 사회복지사를 넣으려고 한다. 이것이 궁극적인 목표다. 나는 간단한 피드백 정도면 될 거라고 생각했지만 같이 꿈을 꾸는 과정에서 능동성이 있어야 한다는 결론이 나왔다. 인공지능 사회복지사는 부르기를 기다리는 수동적 존재가 아니라 먼저 물어봐주는 능동적인 존재가 되어야 한다. 사용자가 '오늘 동창회에서 무슨 일이 있었냐면'이라고 하기 전에 '오늘 동창회는 어땠어요?'라고 먼저 물어봐준다면 훨씬 더 말을 꺼내기가 쉽다. 능동적으로 먼저 물어볼 수 있으려면 사용자를 알아야 한다. 그래야 맥락에 맞는 질문을 할 수 있고 적절한 대응을 할 수 있다.

사용자의 나이나 직업처럼 객관적인 데이터 외에 그 사람을 잘 안다는 것을 무슨 의미일까? 취향이다. 어떤 영화를 좋아하는지, 어떤 음식을 좋아하는지, 어떤 장소를 좋아하는지, 무엇에 대해 이야기하기를 좋아하는지 알면 우리는 그 사람을 잘 안다고 말할 수 있다. 서로의 취향을 잘 아는 관계를 우리는 '친하다'라고 말한다. 취향을 아는 친한 사이는 상대방을 어떻게 대해야 하는지 안다. 어떤 식으로 대화를 풀어야 편안해 하는지 알고, 꺼내지 말아야 할 주제를 알고, 단도직입적인 걸 좋아하는지 온화하게 에둘러 표현하는 걸 좋아하는지 안다. 우리는 이러한 사용자 각자의 취향 데이터를 분석해서 그를 잘 아는 인공지능 사회복지사를 만들어야 한다.

사람이 자신의 취향을 가장 적극적으로 밝히고 상대방의 취향을 가장 적극적으로 물어보는 때는 언제인가? 연애할 때다. 좋아하는 상대가 있다면 마음에 들기 위해 취향을 적극 공략한다. 그 사람의 취향에 딱 맞는 선물이라면 그것을 통해 마음에 들어갈 수 있다. 예를 들어 나를 좋아하는 사람이 도시락을 주면서 '제 마음이에요.'라고 좀 구닥다리 같은 고백을 한다고 하자. 별로 관심을 두고 있지 않은 사람이었는데 모두 내가 좋아하는 반찬이고 내 입에도 딱 맞는다면 마음이 삐걱 열릴 수 있다. 반대로 하나같이 내가 싫어하는 반찬이라면 자물쇠 하나가 더 달릴 것이다.

이런 게 볼레 크리에이티브에서 '연애 시뮬레이션 게임'을 만들고 있는 이유다. 연애게임을 즐기는 유저들이 있으니 그들이 좋아하는 외모와 성격을 가진 상대와 실제로 데이트하는 느낌을 주는 게임이라면 외로움을 해결하는 초기 버전의 사회복지사를 만들 데이터를 축척할 수 있을 것이다. 이것을 통해 인간의 감정을 이해하고 외로움을 달래줄 수 있는 인공지능을 만들 수 있다는 것이 증명되면 이 사업은 엄청난 확장성을 가질 수 있다.

함께 꿈꾸는 것은 중요하다. 아이디어가 있더라도 같은 꿈을 꾸는 사람이 없다면 혼자서는 힘들다. 하지만 함께 꿈꾸는 사람을 찾고 유지하는 것은 쉽지 않다. 6개월간 꿈을 공유했던 공동창업자 두 명과 직원 한 명이 창업 6개월 만에 뜻이 맞지 않는다고 퇴사했다. 함께 꿈을 꾸며 앞으로 나아가던 남은 사람들은 의기소침해졌다. 하지만 그건 하나의 시련일 뿐 실패의 원인은 될 수 없다. 그 이후 다시 내실을 다져 추가로 인원들을 모집하고 지금은 그때보다 더 많은 일들을 만들어내며 앞으로 나아가고 있다. 함께 꿈을 꾸는 이는 바뀔 수 있다. 하지만 나의 꿈이 변하지 않고 포기하지 않는다면 그 꿈은 실패했다고 말할 수 없다. 실패는 내가 더 이상 그 일을 지속하지 않겠다고 생각할 때 쓸 수 있는 단어다.

내가 열심히 가상현실을 홍보하고 다니는 것은 꿈의 씨앗을 뿌리는 과정이다. 투자자가 있어야 꿈을 실현할 수 있는 자금을 얻을 수 있다. 국회의원이 있어야 사업을 위한 법안이 마련될 수 있다. 개발자가 있어야 결과물이 나올 수 있다. 사업은 꿈의 동조자를 만드는 과정이다. 동조자가 충분히 많아지면 멀기만 하던 꿈은 어느새 현실이 되어 있을 것이다.

5

이상한 세상이
왔다

과격한 변화의
서곡을 들어라

신문사, 방송국, 정부기관, 게임회사, 국내외 컨퍼런스 등에서 나를 찾는다. 국내에 가상현실의 가능성을 열심히 홍보하던 때가 불과 3, 4년 전이었던 걸 생각하면 실로 엄청난 변화다. 그런데 각각 처한 입장에 따라 질문사항이 참 많이 다르다. 일반 대중들을 대상으로 하는 방송이나 신문에서는 가상현실의 기본 개념을 설명해줘야 한다. 아직 가상현실이 뭔지 모르는 사람이 많은 것이다. 게임회사들은 어떤 콘텐츠를 개발해야 하는지 묻는다. 컨퍼런스에서는 좀 더 다양한 질문이 나온다. 가상현실이 상용화되긴 하는 거냐는 질문에서 되긴할 것 같은데 언제쯤 되겠느냐는 질문, 어디에 투자를 해야 하느냐는 질문까지 스펙트럼이 참 넓다.

가상현실 산업의 1차적인 숙제는 이 놀랍고 환상적인 경험을 소비자에게 전달하기가 어렵다는 것이다. 플레이스테이션PlayStation, 엑스박스XBOX, 닌텐도Nintendo, 任天堂 등 가정용 콘솔 게임Console Game의 등장은 동전을 손에 쥐고 달려가던 전자오락실의 영향이 컸다. 재미는 충분한데 몇 분 지나지 않아서 새로운 동전을 요구한다는 게 전자오락실의 단점이었다. 그런 상황에서 '게임팩game pack 하나를 사면 집에서 좋아하는 게임을 무한대로 할 수 있다'는 메시지는 대단히 강렬했다. 소비자들이 가정용 게임기를 구매할 때 충분히 그 가치를 알고 있었다.

그런데 가상현실은 다르다. 지난 100년 동안 인류가 경험한 영상 콘텐츠는 사각의 평면에 갇혀 있었다. 그러다가 최근 10년 사이에 3D가 나왔지만 여전히 2D 화면에서 벗어나지 못했다. 나 역시 영화에 비유해 설명하고는 있지만, 영화를 근거로 열심히 상상해봐야 가상현실의 실체에 접근하기 어렵다. 부족하나마 굳이 설명을 하자면 지금까지의 영상장치가 '관람'을 제공했다면 가상현실은 '체험'을 제공한다는 것이다. 가상현실의 개념을 설명하는 자리에 가면 말로 설명을 하는 것보다 청중들 중 몇 명을 불러내 체험하게 해주는 게 더 효과가 있는 것 같다. 바닥에 안정감 있게 놓여 있는 의자에서 비명을 지르고 진땀을 흘리는 광경을 보여주는 게 오히려 가상현실의 진면목을 가깝게 느끼게 하는 방법이 아닐까 생각한다.

절대 다수의 소비자들이 뉴스에서 듣기만 했지 가상현실을 직접 경험하지 못했다. 전자오락실처럼 가상현실을 경험하게 해줄 접점이 필요한데 아직까지 폭발적으로 경험자를 만들어낼 접점은 부족하다. PC방이나 멀티방에서 가상현실 서비스를 제공하든 VR방이 생기든 소비자들이 직접 체험하고 집에서도 하고 싶다는 욕구를 느끼게 해야 한다.

1차적인 문제도 해결되지 않았으니 가상현실 시대의 만개는 아직 먼 미래의 일일까? 나는 그렇게 생각하지 않는다. 이동전화의 발전과 보급 속도를 보면 짐작할 수 있다. 1997년 말 우리나라의 이동전화 가입자 수는 682만 명이었다. 2000년대 초반에만 해도 휴대폰은 무거우면서 통화시간은 얼마 되지 않았다. 이제는 굽혀지고 접히는 스마트폰까지 개발이 완료된 상태다.

언제쯤 가상현실이 만개할 것 같으냐고 묻는다면 나는 2~3년 후라고 대답할 것이다. 여기서 만개란 완료의 의미가 아니라 시작으로서의 만개다. 혹자는 예전처럼 무성한 말잔치 끝에 허무하게 사라질 거라고 걱정한다. 하지만 가상현실이 줄 수 있는 산업적 파급효과와 소비자적 관점이 그냥 포기하기에는 너무 매력적이다.

가상현실은 인류에게 처음으로 '시간'과 '공간'을 제어할 수 있는 힘을 주었다. 가상현실 기기를 체험한 사람들이 이구동성으로 하는 말은 바로 내가 정말 그곳에 있다는 느낌을 받았다는 것이다. 그 뜻은 정말 그 가상현실의 시간대와 공간을 느꼈다는 뜻으로 해석할 수 있다.

인류는 지금까지 시간과 공간을 제어하지 못함으로써 지불하던 비용이 무척 많았다. 대표적인 예가 여행이다. 여행은 다른 시간대와 공간을 체험하기 위해 시간, 돈, 건강이라는 비용을 지불한다. 물론 여행이 관람으로 국한되는 것은 아니지만 관람이라는 것은 여행의 큰 비중을 차지한다. 여행을 하기 위해 지불하는 세 가지의 비용을 90세 할머니는 지불할 수 있을까? 여유 시간은 만들어낼 수 있겠지만 건강과 돈이 허락하는 경우는 많지 않을 것이다. 그렇다면 이들은 여행을 포기해야만 하는 걸까? 지금까지는 그랬지만 가상현실 세계에서는 그럴 필요가 없어진다.

그럼 각종 훈련들은 어떤가? 군사훈련, 항공훈련, 해상훈련 등도 시간과 공간을 제어하지 못함으로써 연료비용, 탄환비용, 환경비용 등을 지불해야 한다. 한번 훈련을 진행할 때마다 이에 들어가는 비용은 천문학적인 숫자다. 하지만 가상현실은 이러한 비용을 획기적으로 줄여준다. 컴퓨터 그래픽과 게임 물리엔진 등을 활용하면 실제로 훈련을 하지 않더라도 비슷한 효과를 구현하고 언제든 반복이 가능해 엄청난 비용을 절감할 수 있고 효율성을 극대화할 수 있다.

가상현실을 교육에 도입하면, 역사를 체험으로 배울 수 있다. 이순신 장군 옆에서 명량해전을 보고 조선시대 기와집 대청마루에서 그들의 생활을 직접 보는 게 가능하다. 우리 다음 세대는 역사를 우리 세대처럼 글과 사진으로 배우는 것이 아닌 직접 눈과 귀로 체험하는 형태로 바뀔 수도 있다. 백문이 불여일견百聞不如一見이라고 했던가? 백번 듣는 것이 한번 보는 것보다 못하듯,

가상현실은 우리의 지식 습득 방법을 완전히 바꿔놓을 수도 있는 기술이다. 그뿐만이 아니다. 체험학습을 위해 비싼 돈을 주고 해외로 나갈 필요가 없어지고 안전과 비용문제로 직접 가기 불가능한 장소도 마치 진짜 간 것처럼 체험할 수도 있게 된다. 상상력의 문제이지 적용 가능한 분야는 거의 무한하다.

산업적으로는 어떨까? 현재 디스플레이 생산업체, 그래픽 카드 생산업체들은 성장의 한계에 직면해 있다. 지금까지 스마트폰의 해상도는 계속해서 높아졌다. 그런데 이제는 더 이상의 고해상도를 필요로 하지 않는다. 현재 사이즈에서는 해상도를 더 높여봐야 인간의 눈으로는 식별이 불가능하다. 기술은 있으나 써먹을 곳이 없고 후발 주자들은 추격한다. 기술 경쟁에서 단가 경쟁으로 넘어가면서 수익률이 악화되었다.

TV시장도 크게 다르지 않다. 지금 기술은 FullHD보다 4배 더 해상도가 높은 UHD까지 왔다. 그런데 가정용 TV로 선호되는 40~50인치에서는 별 차이가 없다. 이 차이를 보려면 최소한 80인치, 제대로 성능을 체감하려면 100인치가 넘어야 한다. 집이 80평은 되어야 100인치 TV를 거실로 두고 볼 만하다. TV는 한번 구매하면 오래도록 사용하는 제품이니까 젊은 층이 사주어야 한다. 젊은 사람들 중 80평 집에서 살 수 있는 사람이 얼마나 될까?

이런 시장에서 가상현실은 구세주다. 가상현실 기기는 작지만 훨씬 더 높은 해상도와 빠른 처리속도를 요구한다. 일반적으로 영화는 초당 24프레임만 되면 움직임이 자연스럽다. 몇몇 게임에서는 초당 30~60프레임을 보여주기도 한다. 그런데 가상현실에는 초당 최소 90프레임에서 120프레임을 소화해야 한다. 이걸 고해상도로 출력을 하려면 디스플레이, 그래픽카드, CPU의 성능이 최고여야 한다. 최신 기술로 높은 수익률을 낼 수 있는 새로운 시장이 열리는 것이다. 그러니 가상현실 산업을 지원하지 않을 수 없다.

문제는 콘텐츠다. 그런 거 없이도 돈 잘 벌고 있다며 콧방귀 뀌던 업체들이 페이스북이 오큘러스를 인수하면서 관심을 받기 시작하니까 부랴부랴 가상현실의 부상에 대비하고 있다. 최근에 만나본 적은 없는데 듣는 바에 따르면 기존에 있던 자사의 인기 게임을 어떻게 가상현실로 옮겨볼 것인가에 집중하고 있다고 한다. 쉬운 길을 선택하고 있는 것 같은데 해답이 나오는 방법은 아니다.

예를 들어 스마트폰 액정화면을 터치해서 새총처럼 작동하는 앵그리 버드Angry Birds라는 게임을 마우스로 하면 재미있을까? 90년대 후반을 풍미했던 스타크래프트StarCraft를 조이스틱으로 하면 재미있을까? 어제도 우리 회사 휴게실에서 공동창업자들과 처절한 격투를 벌였던 스트리트 파이터Street Fighter를 키보드로 하면 재미있을까? 게임은 인풋/아웃풋 디바이스I/O Device, 즉 입출력 장치에 의해 상당한 재미가 할당된다. 스마트폰 게임은 터치가 주는 재미가 있고 PC 게임은 키보드와 마우스, 아케이드 게임arcade game은 스틱으로 해야 제맛이다.

그러면 가상현실의 장점을 살리는 게임은 가상현실 기기가 제공하는 입출력장치가 주는 재미를 파악해야 한다. 예전의 게임을 그냥 옮기는 건 답이 아니다. 새로운 기술에 맞는 콘텐츠를 제작하려면 먼저 새로운 디자인 언어가 필요하고 이에 대한 학습이 필요하다. 그걸 안 하고 그냥 뛰어들겠다? 제작능력은 뛰어날지 몰라도 수영장에서 다이빙 수트 입고 있는 이상한 꼴이 될 공산이 크다.

우리가 전자오락실에서 했던 게임은 화면이 왼쪽에서 오른쪽으로, 위에서 아래로 움직였다. 3D가 나오면서 카메라의 각도를 어떻게 잡아야 재미있는 게임 경험을 제공할지 지난 20년간 많은 공부가 되었다. 지금은 워낙 기법이 발달해서 자연스럽지만 처음에는 다들 어색했다. 마찬가지로 지금은 어떻게 접근해야 가상현실이 가진 장점을 살릴 수 있을지에 대한 연구가 필요한 것이다.

가상현실을 경험한 사람들은 이걸 영화에 도입하면 끝내주겠다고 한다. 3D 영화가 처음 나왔을 때의 신선함을 생각하면 대단한 변화가 있을 거라고 짐작한다. 그런데 과연 그럴까? 영화의 시선, 즉 카메라 각도에 대한 권한은 감독에게 있다. 우리는 카메라의 시선만으로 영화를 봐야 한다. 하지만 가상현실은 다르다. 사용자는 360도 어디라도 볼 수 있다.

스릴러 영화에서 긴장감 넘치는 음악이 나오고 주인공은 방금 노크 소리가 났던 현관문을 응시하고 있다. 그럴 때 갑자기 뒤에서 범인이 주인공을 덮치면 관객들은 놀란다. 그런데 주인공의 시선을 따라가던 사용자가 문득

뒤를 돌아본다면? 살금살금 다가오는 범인을 보게 될 것이다. 스토리가 진행되지 않는다. 지금까지 우리가 알고 적용해오던 스토리텔링 방식이 다 바뀌어야 한다는 이야기다.

미디어가 바뀌면 콘텐츠도 바뀌어야 한다. 채팅이 거기에 맞는 새로운 표현을 만들어내듯이, 가상현실도 거기에 맞는 새로운 표현법을 가진 콘텐츠를 만들어내야 한다. 이렇게 이야기하니까 한참 걸릴 것 같지만 어디서 터질지 아무도 모른다. 간단하든 복잡하든 가상현실에 맞는 콘텐츠가 나오면 그것을 경험하고 싶은 사람들이 폭발적으로 늘어날 것이다. 각자 자기 분야에서 가상현실을 이용할 방법을 찾아내고 그것을 적용하기 시작하면, 글쎄, 나는 산업혁명에 버금가는 변화를 불러올 거라고 생각한다.

운 좋게도 우리는 이 과격한 변화의 서곡을 듣고 있는 중이다. 어떤 분야든 시장이 성숙되기 전에 기회가 가장 공평하게 주어진다.

부의 패러다임이
바뀌고 있다

2016년 2월 구글의 무인자동차無人自動車가 처음으로 사고를 냈다. 도로에 떨어져 있는 장애물을 피했다가 되돌아오는 과정에서 뒤따라오던 버스와 부딪힌 것이라고 한다. 구글은 버스가 양보해줄지 알고 들어왔으니 쌍방과실이었다고 주장한다. 지금까지의 사고는 모두 인간의 실수였다.

전문가들은 2025년이면 무인자동차가 상용될 수 있는 기술적 수준에 도달할 것이라고 말한다. 그 다음부터는 사회의식의 영역이다. 과연 기계에게 운전대를 맡기고 마음 편하게 앉아 있을 수 있는가? 나는 그 기간을 그리 길게 보지 않는다. 뜻밖의 필요에 의해서 무인자동차의 확산이 빨라질 수 있다.

과거에 비해 현대사회의 시간은 대단히 촘촘하고 바쁘게 돌아간다. 그만큼 해야 할 일이 많다. 컴퓨터 덕분에 일주일 걸리던 일이 하루면 끝난다. 서울에서 부산까지 당일 출장도 가능하다. 기술의 발전은 개인의 일을 줄이지 않았다. 두 사람, 세 사람이 필요하던 일을 한 사람이 할 수 있게 했을 뿐이다. 무인자동차의 안전이 검증된다면 무슨 일이 생길까? 불안해서 손수 운전하는 인간은 저성과자가 되기 십상이다. 그가 운전을 하고 부산으로 갈 때 다른 사람은 5시간 동안 무인자동차 안에서 일을 할 것이다. 운전 중에는 다급한 업무협조에도 응하지 못할 것이다.

다른 필요도 있다. 운전 중에도 스마트폰은 수시로 나를 호출한다. 페이스북, 카톡, 문자, 메일 등을 확인하라는 알림이다. 운전을 하다가 스마트폰을 계속 보는 사람은 없어도 스마트폰을 한 번도 안 보는 사람은 없다. 그러다가 신호를 놓친 경험이 다들 있을 것이다. 그러면 무인자동차로 바꿀까, 라는 생각이 들 것이다. 이건 내가 상상하는 것뿐이고 실제로 어떤 일이 무인자동차의 니즈로 작용할지 모른다.

결국에는 무인자동차가 도입될 것이고 시간이 더 지나면 인간이 운전대를 잡는 것 자체가 불법이 되거나 비싼 보험료를 물어야 할 것이다. 우버와 같은 차량 공유 서비스는 앞으로 내가 차를 쓰지 않을 때 다른 사람들과 공유해서 돈을 벌어올 것이고 나는 내가 필요할 때만 차를 불러 사용하게 되어 내 차는 나에게 새로운 부를 선사하는 수단이 될지도 모른다. 이렇게 되면 정부에서는 어쩌면 개인의 차량 소유를 막고 자동차의 공유화를 선언할지도 모른다.

　어쩌면 무인자동차의 등장보다 스마트폰 실종 시대가 더 빨리 올지도 모른다. 스마트폰의 자리는 모양이야 어떻든 인공지능 디바이스로 대체될 것이다. '신상' 인공지능은 질문이 많을 수 있다. 그러다가 점점 나에 대한 정보가 쌓이면 나에 대한 정보를 나보다 더 많이 가지게 될 것이다. 그러면 내가 좋아할 만한 음식, 음악, 장소를 추천해줄 수도 있다. 식당 예약도 가능할 것이고 자료검색을 지시하면 중복, 부실한 자료는 빼고 알맹이만 가져다줄 것이다. 여기에다 날씨를 알려주고 코디를 해주고 건강관리까지 해준다. 개별 앱으로 실행해야 하던 것들을 말로 명령만 내리면 되는 시대가 오는 것이다. 앱의 시대는 물론 디바이스 시대도 끝날지 모른다. 이 SF 같은 상황이 빠르면 5년, 길어야 10년 안에 펼쳐질 거라는 게 내가 만나는 사람들의 중론이다.

　멋지기만 한 세상일까? 구글의 인공지능 알파고와 이세돌 9단이 세기의 대결을 벌였을 때 팔이 안으로 굽어서인지 다들 이세돌의 압승을 예상했다. 바둑은 체스에 비해 훨씬 복잡하다. 바둑 한 판에서 나올 수 있는 경우의 수가 10170이라고 하니 거의 무한대에 가깝다. 인공지능이 발달했다고는 하지만 적어도 바둑만큼은, 적어도 아직까지는 인간이 이길 거라고들 생각했다. 결과는 다들 알듯이 알파고가 4대 1로 인간 대표를 눌렀다. 첫 번째 대국에서 패했을 때 사람들은 갸웃했다. 두 번째는 설마 하다가 세 번째도 패배로 나오자 혼란에 빠졌다.

대다수의 사람들은 바둑을 둘 줄 모른다. 잘 두기는 더욱 어렵다. 주위에서 바둑을 좀 둔다는 사람, 시간이 나면 인터넷으로 바둑을 두는 사람들과 이세돌의 수준 차이는 류현진과 오늘 처음 야구공을 잡은 초등학생의 차이로 비교할 수 있다. 언젠가 TV에서 바둑 유단자 한 명이 10여 명의 사람을 동시에 상대하는 것을 본 적이 있다. 유단자는 산책하듯이 한 사람 한 사람 앞을 지나가면서 바둑돌을 놓았다. 그 유단자보다 바둑을 잘 두는 이세돌이 알파고에게 완패했다. 인간으로서의 자존심이 상했다는 반응도 적지 않았다.

　　인류와 기계의 생존대결이라는 먼 미래의 공포가 한 차례 지나간 후 눈앞의 문제가 다가왔다.

　　'내 직업은 어떻게 되는 거지? 내 자식들은 뭘 해 먹고 살아야 하지?'

　　실제로 세계경제포럼World Economic Forum, WEF은 2020년까지 인공지능 때문에 일자리 700만 개가 사라질 것으로 전망했다. 상식적으로 생각해도 많은 직업이 없어질 것으로 보인다.

　　무인자동차와 인공지능은 인류에게 완전히 새로운 생활환경을 제공하면서 동시에 아주 많은 사람들을 실업자로 만들 것이 분명하다. 우선 운전으로 먹고사는 사람들은 모두 직업을 잃는다. 산업혁명 때 그랬듯 기계를 때려 부숴도 이 거대한 물결을 거스르지는 못한다. 24시간 일하고 복지도 필요 없고 파업도 없고 월급 인상을 해주지 않아도 되는데 어떤 사업주가 택시기사를 고용하고 화물트럭 기사를 고용할까?

인공지능의 파괴력은 무인자동차보다 훨씬 크다. 한 팀이 일주일 내내 하던 일을 인공지능 혼자서 몇 시간 만에 해낼 것이다. 인공지능의 가능성은 알파고가 충분히 보여주었다. 알파고는 인간들이 둔 바둑을 참고해서 인간들은 두지 않던 새로운 수를 뒀고 프로 기사들은 탄식을 연발했다. 체계화할 수 있는 일이라면 무엇이든 인공지능에게 자리를 뺏기게 된다. 완전히 사라지는 직종도 있을 것이고 100명이 했던 일을 5명이 해낼 수도 있다.

2015년 1월, 일본에서는 '급성 골수성 백혈병' 진단을 받은 66세의 여성이 수개월간 항암치료를 받았지만 원인도 모른 채 상태가 급속히 악화되어 불치병이라고 생각하고 죽음을 기다리고 있었다. 벽에 부딪힌 병원 측은 미국 IBM 왓슨Watson이라는 인공지능에 의뢰하여 의사들이 생각지도 못한 치료법을 제안받았다.

2500만 건의 의학논문과 1500만 건의 의약품 자료를 학습한 왓슨에게 환자의 유전자 변화 데이터를 입력했다. 불과 10분 만에 왓슨은 병명이 기존과는 다른 '2차성 백혈병'이라고 진단하고 항암제 종류를 바꾸도록 제안했다. 정확한 진단이 늦어졌다면 숨질 뻔했던 환자는 새 치료법으로 상태가 호전되어 2015년 9월에 퇴원을 했다.

이밖에도 왓슨은 암환자 2명의 병명을 진단하고 41명의 치료에 도움을 주었다. 이런 상황에 지금 청춘들이 들어가려고 목을 매는 직장의 업무 중 몇 개나 살아남을 수 있을까?

인공지능과 무인자동차는 많은 일자리를 사라지게 하겠지만 새로운 일자리도 만들어낼 것이다. 변화를 예의주시하는 사람에게는 기회가 될 것이고 낡은 가치에 얽매여 있는 사람에게는 위기가 될 것이다. 기성세대의 가치는 더 이상 유효하지 않다. 낡은 가치를 버리고 이 시대에 맞는 가치를 세팅해야 한다. 그 가치조차 5년 후에는 낡은 것이 될지 모른다. 그러니 변화의 흐름을 예의주시하고 촉을 세우고 있어야 한다.

청춘들이 바라봐야 할 방향은 직장이 아니다. 꿈의 방향이다. 그 방향에 직장이 있으면 좋지만 아니라면 다른 길을 가야 한다. 낡은 가치에 묶여서 상상력을 가두지 말고 과감하게 틀을 벗어날 수 있도록 깨어 있어라. 머지않아 코드가 맞는 사람을 발견하게 될 것이다. 그러면 같은 꿈을 꾸는 사람들끼리 의기투합해 새로운 가치를 만들어낼 수 있다.

해석하고
도전하라

우버는 전 세계에서 가장 큰 택시회사다. 그런데 단 한 대의 택시도 소유하지 않고 단 한 명의 기사도 고용하지 않았다. 모바일 앱을 통해 차량 소유자와 승객을 연결해주는 서비스가 상품이다. 우리나라에서는 불법이라고 규정해서 들어오지 못했지만 외국의 택시회사들은 비상이 걸렸다. 우버는 기존의 택시처럼 밖에서 기다릴 필요가 없다. 자기 위치와 목적지를 알려주면 언제 도착하는지 알려준다. 추운 날, 더운 날, 비 오는 날 빈 택시를 기다려야 하는 불편이 없어졌다. 택시의 콜 서비스도 있지만 우버가 더 빠르다.

　이미 목적지를 등록했기 때문에 말을 한 마디도 하지 않아도 된다. 목적지에 도착하면 등록한 신용카드로 결제하면 끝이다. 외국인이라도 바가지를 쓸 위험이 없고 영어를 전혀 못해도 어려움을 겪지 않는다. 결제된 내용은 이메일로 날아오는데 거기에 자기가 움직인 경로까지 다 나온다. 이렇게 편리한데 가격까지 싸다.

2009년 설립한 우버의 시가총액은 2015년 12월을 기준으로 625억 달러, 한화로 76조 원에 달한다. 설립한 지 고작 6년 만이다. 2016년 1월 기준으로 GM의 시가총액은 455억 달러, 포드의 시가총액은 475억 달러였다. 차량 소유자와 승객을 연결해주는 게 '고작'인 기업이 굴지의 자동차 생산기업보다 더 가치가 있는 세상이다.

우버가 이동에 관한 서비스를 제공한다면 에어비앤비는 숙박에 관한 서비스를 제공한다. 전 세계에서 가장 큰 숙박업체인데 보유한 부동산이 하나도 없다. 집에 빈방이 있는 사람과 잠자리가 필요한 사람을 연결해주는 게 고작이다. 놀고 있는 빈 방으로 돈을 벌어서 좋고 현지문화를 체험하면서 저렴하게 잠을 잘 수 있어서 좋다.

이런 사례는 얼마든지 있다. 중고차 한 대 없는 중고차 판매상이 있고 직접 파는 물건은 하나도 없는 소매상이 있다. 카카오나 페이스북처럼 사람과 사람을 연결해주는 서비스가 주력상품인 기업들이 승승장구하고 있다. 전통적인 산업은 누군가 상품을 생산하면 도매와 소매를 거쳐 소비자가 구매하는 방식이었다. 그런데 이들 기업은 사람과 사람을 연결해주기만 한다. 서로 연결해주는 플랫폼platform을 구축해놓으면 거기서 수익을 내는 사업은 얼마든지 할 수 있다. 물건을 생산하고 그것을 파는 것이 사업이던 시대의 눈으로 보면 참 이상한 세상이 온 것이다. 낡은 가치로 보면 이상한 세상이지만 새로운 가치로 보면 기회의 세상이다.

택시가 없는 택시 회사, 부동산이 없는 숙박업체는 부모 세대에게는 존재할 수 없는 기업이다. 이들 모두 인터넷과 그것의 확장인 스마트폰이 등장함으로써 가능해진 사업이다. 인터넷 기반 기업들의 성장속도는 제조업과 비교할 수 없을 정도로 빠르다. 제조업은 일정 규모 이상 성장하려면 부지를 매입하고 공장을 짓고 생산설비를 설치하고 사람을 뽑아야 한다. 반면 인터넷 기업은 서버만 확충하면 된다. 추가 인력이 필요하지만 제조업만큼 많지 않다. 인터넷이라는 새로운 기술이 만들어낸 결과다.

우리 세대는 이해하고 받아들이지만 부모 세대는 그저 희한한 세상의 단편일 뿐이다. 안타깝지만, 그런 부모들이 우리에게 잘 먹고 잘 사는 법을 조언했고 대다수가 그것을 받아들였다. 그래서 기회가 보이지 않는 것이다.

1차 산업혁명은 증기기관이라는 기술로 시작되었다. 2차 산업혁명은 전기 기술로, 3차는 인터넷으로 시작되었다. 운 좋게도 지금 새로운 산업혁명이 도래하고 있다. 로봇, 인공지능, 가상현실이 혁명을 이끌 기술로 주목되고 있다. 어떤 변화가 얼마만큼의 크기로 다가올지 짐작하기 어렵다. 변화에 대한 인간의 대응은 세 가지다. 거부, 적응, 이용. 거부하는 사람들은 절벽 끝에 가서야 자신의 안전지대가 사라졌다는 것을 알게 된다. 적응하는 사람들은 허겁지겁 따라가기에 바쁘다. 이용하는 사람들은 변화의 맥락을 읽는 사람들이다. 변화의 맥락은 곧 부의 흐름이고 그것이 곧 사업의 기회가 된다.

언론에서 보여주는 새로운 기술의 여파는 그저 '이런 것도 된답니다. 참신기하죠?' 수준이다. 미래학자의 예언은 언론보다는 깊지만 미래의 일이니까 정확하다고 말할 수 없다. 시시각각의 변화에 촉을 세우고 있어야 한다. 특히 주변에서 일어나는 디테일한 변화를 놓쳐서는 안 된다. 보고 읽고 경험하는 변화에 대한 자기만의 합리적인 해석을 할 수 있다면, 그 해석에 따른 도전을 할 용기가 있다면 4차 산업혁명의 수혜자가 된다. 변화는 곧 기회다. 지금 엄청난 변화가 시작되고 있다. 엄청난 기회가 몰려오고 있다.

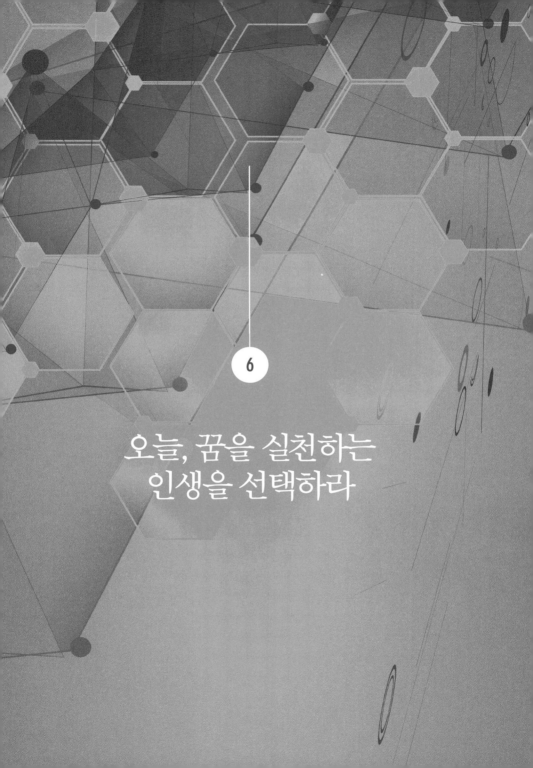

6

오늘, 꿈을 실천하는
인생을 선택하라

인생을 월급과
바꾸지 마라

게임산업진흥원에서 일할 때, 매일매일 야근을 했다. 이 부서에서 부르면 달려가고 저 부서에서 부르면 달려갔다. 이리저리 불려 다니다 보면 어느새 퇴근시간이었다. 간단하게 저녁을 먹고 그때부터 진짜 내 업무에 집중했다. 10시, 11시에 퇴근해서 사무실이 있던 상암동에서 방학동 집까지 가면 자정 무렵이 되었다. 1년 넘게 그런 생활을 했지만 전혀 힘들지 않았다. 하루하루가 재미있고 값진 시간이었다.

일개 신입직원인 내가 이 부서 저 부서 불려 다닌 것은 통역을 하기 위해서였다. 국내 게임산업에 관심 있는 외국인들은 정보와 네트워크를 얻기 위해 각자 필요한 부서를 찾았고 그럴 때마다 해당 부서의 팀장이 통역을 부탁했다. 통역은 한두 시간 해준다고 끝나는 게 아니다. 미팅 후에 메일이 오거나 전화가 오면 사후처리도 내가 해줘야 한다. 내가 통역했던 건에 대해서는 메일도 해당 부서와 같이 받게끔 되어 있었다.

사실 통역 업무로 뽑힌 게 아니니까 가지 않을 수도 있었다. '죄송하지만 바빠서 참석 못할 것 같습니다.'라거나 '그거 제 업무가 아닌 것 같은데요.'라는 말을 몇 번만 했으면 더 이상 내게 부탁하지 않았을 것이다. 부탁을 들어줬더라도 싫은 티를 팍팍 냈다면 다시 부탁하기가 쉽지 않았을 것이다. 통역을 제대로 해줄지도 의문이고 사후처리도 대충 해줄 공산이 크기 때문이다. 그런데 나는 부르기를 기다렸다는 듯이 '네!' 하고 달려갔다. 진흥원에 영어가 되는 사람이 나밖에 없었을까? 아니다. 내가 아는 사람만 해도 몇 명 되었다. 짐작컨대 그들은 정말 급한 경우가 아니면 다른 팀의 부탁을 거절했을 것이다.

통역으로 불려 다닌 덕분에 나는 여러 부서의 일을 두루두루 아는 사람이 되었다. 억지로 하는 통역이 아니라 하고 싶어서 하는 통역이니까 열심히 했다. 또 통역이라는 것이 다 내 머리를 거쳐서 나가야 하는 거니까 방문자들이 하는 모든 말들과 그들에게 제공해야 할 지식이 모두 내 것이 되었다. 이렇게 되니까 시간이 갈수록 통역실력이 늘었다. 단순한 언어 통역을 말하는 게 아니다. 여러 부서의 지식이 쌓이면서 담당 팀장이 모르는 타 부서의 일에 대한 질문이 나와도 간단한 것은 내가 대답을 할 수 있게 되었다. 계획에는 없었지만 내가 외국 방문자와 관련된 일에서는 정보의 허브가 된 것이다.

실은 비슷한 일이 군대에서도 있었다. 일병 때까지 내 군생활은 꼬이고 또 꼬였다. 신병교육대에서 초코파이가 탐이 나서 일요일 종교활동 시간에 노래를 불렀다. 어떤 날은 피아노를 치면서 노래를 불렀다. 고등학교 때 특별활동으로 밴드와 합창단을 해서 피아노, 색소폰, 기타를 칠 줄 알았고 보컬도 맡았었다. 그런데 하필 악기 다루는 병사가 필요하던 군악대장의 눈에 띄었고 군악대로 차출되었다.

입대하기 전부터 군복무에 대한 내 목표는 '최대한 편하게'였다. 소문을 듣자하니 군악대는 군기가 세다고 했다. 그래서 병적부에도 특기사항으로 적지 않았다. 원래 내가 원한 보직은 '어학병'이었다. 제대한 친구들은 너는 영어가 되니까 어학병이 되면 편할 거라고 했다. 정말 그런 보직이 있는 줄 알았던, 어리석고 명청한 시절이었다. 여성 독자들을 위해 알려주자면 사단장처럼 계급이 높은 사람이 영어 잘하는 병사를 자기 자녀의 개인강사로 부려먹는 부조리가 있었다. 이런 병사를 은어로 어학병이라고 하는데 좋은 밥 먹으면서 선생님 대접받으면서 편안한 군복무를 하게 된다.

나도 그렇게 풀릴 뻔했다. 노래하고 피아노 친다고 군악대로 뽑았던 군악대장이 자기에게 영어를 가르치라고 했다. 한창 군생활을 배워야 할 이등병이 군악대장 사택에서 짬밥 말고 사제 밥 먹으면서 대부분의 시간을 보냈다. 이등병이 군악대장의 비호 아래 편하게 있으니 미움을 받기에 완벽한 조건이었다. 그런데 4개월이 지났을 때 군악대장은 나를 미워하는 사람들 사이에 내버려두고 전근을 가버렸다. 군대 생활은 아무것도 모르고 군기는 빠져 있고 고참들이 자신들의 미움을 실천하기에 완벽한 조건이 된 것이다.

이제 군악대의 색소폰 주자로 활동을 하려는데 내 키가 너무 컸다. 군악대에서 제일 큰 사람보다 10cm가 더 컸다. 균형이 맞지 않는다는 지적이 나왔고 일병 때 의장대 경비소대로 쫓겨났다. 경비소대가 되면 부대에 드나드는 차량 번호를 모조리 외워야 한다. 국방색 차량을 물론이고 자가용까지 누가 타고 다니는 건지 알아야 하는데 나는 이등병보다 모르는 일병이었다. 참 처치 곤란한 병사가 된 것이다. 편하게 지내는 게 목표였는데 군생활이 꼬여도 너무 꼬인다 싶었다.

처치 곤란한 일병이 답 없는 상병이 될 즈음에 육군본부에서 인도네시아어 전공자, 3년 이상 영어 전공자, 해외에서 1년 이상 공부한 자를 찾았다. 동티모르 파병단에서 통역을 담당할 병사가 필요했던 것이다.

'군악대 꼬였고, 경비소대도 꼬였고, 이럴 바엔 파병을 가자. 처음부터 다시 시작이다. 배우는 게 있겠지.'

사실은 지원이지만 어머니한테는 명령에 따라 가는 거라고 말씀드렸다. 어머니에게 파병이라는 단어는 곧 월남전을 떠올리게 했을 것이다. 한국군 주둔지는 전투지역이 아니어서 안전했다. 그런 사실을 말씀드려도 어머니는 마음을 놓지 못하셨다.

한 달 간 훈련을 받고 작전과의 통역병으로 파병이 되었다. 한동안 쓰지 않아서 막혀 있었던 영어 말문이 트이면서 얼마 지나지 않아 UN군에서 오는 모든 문서에 대해 "야, 서동일. 네가 검토해봐.'라는 지시를 받기 시작했다. 별도의 통역병이 있던 다른 부서의 사람들도 나를 불러서 통역을 시켰고 곧이어 사단장 통역병으로 뽑혀왔던 사람의 자리를 대신했다. '싫은데요'가 통하지 않는 군대이지만 나를 찾는 곳이면 정보부든 공보부든 마다하지 않고 달려갔다.

그 무렵 처음으로 나는 '사회에 나가면 성공할 수 있겠다'는 생각을 했다. 대학 입학 이후 일병 때까지 내 인생은 내리막길이었다. 공부도 안 되고 방향도 모르겠고 '내가 능력이 없나? 이게 내 한계인가?'라는 자괴감을 많이 가졌었다. 그런데 편하자고 할 때는 꼬이기만 하던 군대에서 일을 하자고 마음을 고쳐먹으니 모두가 나를 필요로 했다. 쓸 만한 사람, 필요한 사람이 되면서 자신감을 되찾았다. 육군참모총장 표창을 받으면서 자존감 회복의 정점을 찍었다.

군복무는 의무다. 의무로만 생각하고 최대한 편안하게 의무를 다하려고 하면 길고 긴 고통과 인내의 시간을 보내야 한다. 파병을 갔을 때도 적당한 수준까지만 영어실력을 보여줄 수도 있었다. 그랬다면 자존감은 더 추락했을 것이다.

월급을 받았으면 일을 하는 것이 의무다. 그러나 나는 한 번도 월급을 받으려고 일하지 않았다. 월급날만 기다리면서 살지 않았다. 나는 쌓아야 할 지식이 있었고 필요한 경험이 있었다. 지식과 경험을 채울 수 있는 직장을 선택했고 그래서 매일같이 야근을 하면서도 힘들지 않았다. 대기업 다니는 친구들처럼 불평하지 않았다. 불만이 생기고 배우는 양이 줄어들면 차라리 다른 직장을 선택했다.

월급을 받으려고 일한다? 자기 인생을 월급을 받는 데 사용한다? 이렇게 사는 건 내 인생이 아니다.

꿈의 맥락에
서 있어라

나는 질문이 많은 신입직원이었다. 팀장이 업무지시를 하면 그냥 하는 법이 없었다. 회사 전체 업무에서 내가 하는 일의 의미를 알고 싶었다. 그리고 팀장에게 이 일이 왜 필요한지 물었다. 해외 업무 때문에 사장에게 직접 업무지시를 받을 때도 그랬다. 사장님은 내가 정리한 정보를 왜 필요로 하고 어떻게 쓸 것인지 알고 싶었다. 윗사람 입장에서는 귀찮을 수 있지만 나는 이게 일을 올바르게 하는 방식이라고 생각한다.

"이 자료 10부 복사해 와요."

간단한 업무지시인 것 같지만 이유가 없다. 내부 회람용인지 고객사에게 PT하기 위한 자료인지 알 수 없다. 그러니 사소한 업무라도 전체 그림을 모르면 제대로 일을 하기도 어렵고 개선방안을 생각하기도 어렵다. 최대한 예의를 갖춰서 물어보긴 했는데 그래도 귀찮긴 했을 것이다.

한번은 문제제기를 하다가 '서동일 씨가 뭔데?'라는 말을 들은 적이 있다. 금요일마다 업무일지를 써야 했다. 혹시나 직원들이 월급만 받고 일은 하지 않을까봐 그러는 것일 수도 있는데 나는 도저히 이해가 되지 않았다. 내가 생각하는 업무일지는 팀장이 팀원들이 맡은 업무의 진행상황을 체크하고 그게 사장까지 올라가서 각 팀의 업무진행 상황을 파악하기 위한 것이다. 그런데 매일매일 업무가 달라지는 것도 아닌데 업무일지 양식은 채워야 한다.

그러다보니 일을 하고 업무일지를 쓰는 게 아니라 업무일지를 쓰기 위해서 일을 하기도 했다. 나만 그런 게 아니라 다른 직원들도 업무일지를 채워넣는 스트레스를 받고 있었다. 상상해야 할 것도 많은데 엉뚱한 데 상상력을 낭비하는 부작용도 있었다. 비효율적이라고 생각해서 특정한 업무가 있을 때만 쓰면 되는 간소화된 업무일지를 제안했다.

"서동일 씨가 뭐라고 지금까지 해왔던 일에 의문을 갖죠? 하던 대로 작성하는 사람들은 그럼 뭐죠?"

그때는 말하지 못했지만 업무에 의문을 갖지 못하는 건 정말 문제다. 지금까지 이런 방식으로 했다는데 이게 맞는 방식인가? 다른 식으로 하는 게 훨씬 더 합리적이지 않을까? 아무도 이런 고민을 하지 않는다면 비효율적인 부분은 대대로 이어진다. 시키는 대로 하던 방식이 효율적인 때도 있었고 여전히 효율적인 곳도 있다. 컨베이어벨트 앞에 선 사람은 나머지 공정은 몰라도 된다. 그냥 자기가 박아야 할 나사만 똑바로 박아 넣으면 된다. 하지만 지금은 그런 데서 가치를 만들어낼 수 있는 시대는 아닌 것 같다.

적어도 볼레 크리에이티브에서는 각 구성원이 자기가 하는 일의 의미를 알아야 한다. 자기가 만드는 그래픽 하나가 외로움을 달래는 데 어떻게 쓰일지 알아야 한다. 이게 중요하지 서류작업은 중요하지 않다. 말로 해도 되는 건 말로 하면 그만이다. 그럴 시간에 외로움 해결하는 방법을 생각하는 것이 훨씬 낫다.

진흥원에서는 운이 좋아서 지금도 멘토로 생각하는 김형민 팀장님을 만났다. 사업 아이템은 이미 잡혀 있었지만 그 목표를 달성하는 방법을 정하는 사업계획은 내가 알아서 할 수 있도록 해주셨다. 그렇다고 방치하지도 않으셨다. '이런 부분은 어떠냐?' '이런 부분은 점검해봤느냐?'면서 내 생각을 물으셨다. 단순히 이렇게 하면 안 된다는 게 아니라 서로 논의하고 조율하는 관계였다. 팀장님 덕분에 업무방식도 마음에 들었고 진흥원에서의 일도 마음에 들었다. 사기업처럼 이익을 만들어내는 게 아니라 게임의 진흥을 위해 돈을 쓰는 곳이 진흥원이다. 내가 고민할 것은 이 사업이 게임산업 진흥에 도움이 될 것인가 말 것인가, 어떻게 하면 게임산업이 진흥될 것인가라는 것뿐이었다. 그것을 내 사업처럼 해볼 수 있는 기회를 가졌다.

'골치 아프게 문제제기하지 말고 하던 대로 하면 편하다. 괜히 나섰다가

쪽만 팔 수도 있고 미움을 받을 수도 있다. 시키는 일만 열심히 하자.' 낡은 가치에 체포된 직장인의 마인드다.

마치 자기 회사인 양 일해도, 점심시간과 퇴근시간만 기다리며 일해도 월급은 똑같다. 주어진 업무를 주어진 방식으로 해도 매달 월급은 나온다. 그리고 한 달이라는 시간이 내 인생에 빠져나간다. 월급 이외에 다른 것을 얻지 못한다면 월급과 한 달의 인생을 교환하는 꼴이 된다. 원래 그런 거라고 생각한다면 그렇게 살면 된다. 월급과 인생의 교환은 나로서는 억울하고 치욕적이기까지 하다.

대다수 청춘들에게 필수가 되어버린 알바도 그렇다. 새우탕면, 삼각김밥을 사러 편의점에 가면 알바생으로 보이는 청춘이 있다. 구매할 물건을 계산대에 올리면 스마트폰을 내려놓고 바코드를 찍는다. 돈을 받고 거스름돈을 내주고 인사를 한다. 그리고 다시 스마트폰에 접속한다.

해보지 않아서 확실히는 모르지만 편의점 직원의 업무는 매장을 청소하고 물건을 정리하고 돈을 받고 도난을 방지하는 것이다. 업무는 어렵지 않다. 그래서일까, 내가 본 편의점 직원들의 표정은 다 무료해 보였다. 그 무료함을 달래려고 게임업계에 갈 것도 아니면서, 모바일 업계로 갈 것도 아니면서 스마트폰으로 게임을 하고 카톡을 한다.

지루한 시간을 견딘 대가는 시급 6030원. 그렇게 알바를 할 수도 있다. 하지만 적극성을 가질 수 있다면 꿈의 맥락에 맞는 알바로 바꿀 수도 있다.

많이 팔리는 술은 무엇인가? 무심코 집어오는 과자의 위치는 어디인가? 왜 사람들은 허니버터칩에 그토록 열광했는가? 한밤중에 자주 오는 그의 불편함은 무엇인가?

오늘 내가 하고 있는 일은 내 인생에서 그릴 큰 그림의 어느 조각인가? 큰 그림이 없으면 그저 월급만 받으면 된다. 그러나 오늘 큰 그림 중 일부를 완성해가는 것이라면 이야기가 달라진다. 적극성은 여기에서 나온다. 내가 진흥원에서 하지 않아도 될 일을 적극적으로 한 것은 게임산업을 거시적 관점에서 이해하려는 목적이 있었기 때문이다. 주어진 업무만 하는 것보다 타부서의 일까지 하면 목적에 더 빨리 도달할 수 있다. 나는 진흥원에 취직하지 않았다. 게임산업의 거시적 이해를 위해 움직인 곳이 진흥원이었다.

무슨 일을 하든 어디에 있든 꿈의 맥락 위에 서 있어야 한다. 그래야 적극성을 띨 수 있다. 취직만 하면 다시는 오지 않을 편의점에서는 어떤 능동성도 가질 수 없다. 그냥 오늘 하루를 대충 수습하면서 살아서는 안 된다. 알바생으로, 월급쟁이로 살지 말고 자기 자신으로 살아라. 자신의 인생을 살고 자신의 꿈을 살아라. 인생이란 자신을 표현하는 과정이다.

낡은 가치의 협박에서
벗어나라

페이스북이 오큘러스를 인수하자 나는 화제의 인물이 되었다. '세계적인 기업이 2조 원이 넘는 돈을 주고 회사 하나를 샀는데 그 기업의 공동창업자 중 한 명이 한국인이고 한 방에 큰돈을 벌었다'는 것이 기사의 주요 내용이었다. 사람들 역시 '한국인, 한 방에 돈방석'에 더 관심을 보이는 것 같았다. 진짜 중요한 것, 페이스북이 오큘러스를 인수한 이유에 대해서는 거의 관심을 가지지 않았다. 그 많은 기사들 중 왜 소셜 네트워크 기업인 페이스북이 가상현실 기기 개발업체를 인수했는지 심층적으로 분석한 기사는 보지 못했다.

'뭔지 모르지만 가상현실이 돈이 되려나 보지.' 고작해야 이 정도 생각을 하는 데 그치지 않았을까? 그런데 왜 오큘러스를 인수한 것일까? 페이스북은 오큘러스뿐 아니라 인스타그램과 왓츠앱Whats App도 인수했다. 인스타그램은 사진과 동영상을 공유하는 플랫폼이다. 왓츠앱은 메신저 프로그램이다. 오큘러스는 가상현실 기기 개발업체다. 인스타그램, 왓츠앱, 오큘러스의 인수 금액은 각각 10억 달러, 190억 달러, 20억 달러였다. 3개 기업 모두 인수 당시 수익이 없었고 왓츠앱은 아직도 없다. 이런 기업들에 무려 220억 달러, 우리 돈으로 20조 원이 훌쩍 넘는 돈을 투자했다.

돈이 되기만 하면 골목까지 문어발을 뻗치는 사례를 너무 많이 봐온 탓인지, 우리는 기업의 행보를 수익의 기준으로만 본다. 그렇게 보면 페이스북의 결정은 이해가 되지 않는다. 지금 당장은 아니지만 나중에는 많은 수익을 가져다주겠지, 라고 말할 수 있다. 그러나 다른 해석도 가능하다.

'사람들에게 공유할 수 있는 힘을 주고 좀 더 열린 세상을 만들며 더 연결된 세상을 만든다.'

이것이 페이스북의 미션, 즉 사업을 하는 목적이다. 이 목적을 기준으로 의사결정이 이루어진다. 수익은 이 목적을 달성했을 때 자연스럽게 얻어지는 것으로 본다. 초창기 페이스북은 텍스트를 중심으로 공유가 이루어졌다. 인스타그램은 텍스트를 넘어 사진과 동영상을 공유할 수 있게 하는 플랫폼이다. 왓츠앱은 카카오톡처럼 즉각적으로 사람과 사람을 연결한다. 그리고 오큘러스는 텍스트, 사진, 동영상을 통해 간접적으로 공유하던 한 사람의 체험을 직접 경험하게 한다. 체험까지 공유하게 하는 힘을 주는 것이 가상현실이다.

이렇게 보면 페이스북의 행보는 문어발 확장이 아니라 공유와 연결이라는 미션을 달성하기 위한 투자였다는 것을 알게 된다. 이 투자가 미션을 성공적으로 수행하는 데 도움을 준다면 페이스북은 돈을 더 많이 벌 것이다. 아이러니하게도 수익과는 동떨어져 보이지만 기업의 미션을 완수하려는 정책이 페이스북을 성장시키는 밑거름이 되고 있다.

결국 돈을 벌기 위한 투자라고 할 수 있지만 내 생각은 다르다. 오히려 돈을 기준으로 의사결정을 하는 때가 페이스북이 망하기 시작하는 때다. 수익을 기준으로 하면 단기적인 안목의 결정을 하기 쉽고 어떻게든 이용자들에게 소액이나마 뜯어내려 할 것이다. 15억 명이라는 사용자는 페이스북의 가장 큰 힘이면서 동시에 멍청한 결정을 내리기 쉬운 유혹이다. 사용자 한 명당 매달 1달러씩만 받아도 얼마인가? 어떤 식으로든 자기 주머니를 털려는 의도가 보인다면 사용자들은 순식간에 빠져 나가고 페이스북의 영광은 쓸쓸한 추억이 되고 말 것이다.

자신의 존재가치를 증명하고 확장시키려는 정책이 장기적으로 더 큰 수익을 만들어낸다는 역설은 개인에게도 적용된다. 초등학교, 중학교, 고등학교, 대학교까지 공부를 하는 이유는 안정적인 수익을 얻기 위한 것이었다. 깨어 있는 모든 순간을 돈을 벌기 위한 준비를 하는 데 썼다. 안정적으로 돈을 벌 수 있는 '자격'을 갖추기 위해 썼다. 나 혼자 잘 먹고 잘살 생각만 하니 할 수 있는 일도 별로 없다. 대기업 직원, 공기업 직원, 공무원 등이 '고작'이다.

사실 어떤 직업에 대해 '고작'이라고 표현하는 것은 옳지 않다. 모든 직업은 그 나름의 가치를 지니고 있다. 특히 공무원은 대국민 서비스라는 차원에서 할 수 있는 일이 아주 많다. 그런 서비스에 가치를 느껴서 공무원을 선택한다면 박수를 받아 마땅하다. 그런데 안정적이라는 이유에서 공직을 선택한다면 무사안일, 복지부동이라고 비난받는 공무원이 될 것이다. 행정기관이 안정만을 추구하는 사람들로 가득 차 있는 모습은 상상만 해도 끔찍하다.

너무나 오랜 시간 남들과 같은 길을 가지 않으면 큰일 난다는 협박을 받으면서 살았다. 그러다 보니 상상력은 쪼그라들고 꿈은 사라졌다. 다시 큰 꿈을 꾸기 시작해야 한다. 어린 시절, 자신의 내면을 기억해보라. '과학자가 되어서, 의사가 되어서, 교사가 되어서 안정적으로 돈을 많이 벌 거야.'라고 생각하지는 않았을 것이다. 멋진 발명품을 만들고 아픈 사람을 낫게 하고 학생들을 잘 가르치기 위한 꿈이었다.

큰 꿈을 꾸면 지금 처한 환경의 압박, 낡은 가치의 협박에서 벗어날 수 있다. 인생을 보는 프레임을 안정과 돈에서 꿈으로 바꾸어야 한다. 그래야 길이 보이는 세상이다.

7

자기를 표현하는
인생을 살아라

힘들수록 급하지 않은
일을 하라

만나는 사람도 많고 강연도 많이 다닌다. 창업을 하고서는 더 많은 사람을 만나고 더 많은 강연을 다닌다. 해외 강연을 가면 일주일씩 자리를 비우는 때도 많다. 누군가는 이렇게 말할 수도 있다. '매달 3천만 원씩 까먹고 있는 주제에 빨리 돈 벌 궁리를 해야지 한가하게 돈 안 되는 짓만 골라서 하고 있다'고.

매달 3천만 원의 운영비가 들어가는 볼레는 아직 수익을 만들어내지 못하고 있다. 머리띠를 동여매고 '불금'도 없이 야근을 해도 시원치 않을 판에 사장이라는 사람이 돈 안 되는 사람만 만나고 있다. 어떤 이는 '틀림없이 망할 거다. 두고 봐.'라고 어디선가 말하고 있을지도 모르겠다.

그런데 내 생각은 반대다. 매달 들어가는 돈에 집중하고 하루라도 빨리 수익을 내겠다는 결심과 행동이 나를 망하게 할 거라고 생각한다. '인공지능을 이용한 연애 시뮬레이션 게임으로 돈을 번 사람'이 그 길에서 상상할 수 있는 최선의 결과이기 때문이다. 나는 볼레를 성공시키기 위해 할 수 있는 모든 노력을 할 것이다. 그렇다고 볼레의 성공이 내가 생각하는 성공의 종착점은 아니다. 세상을 좋게 만들겠다는 꿈을 이루기 위한 여러 도전 중 하나가 볼레다. 이 도전이 성공하면 꿈에 좀 더 가까워질 것이다. 실패하더라도 세상을 좋게 만들기 위해 할 수 있는 도전은 얼마든지 많다. 그래서 좌절할 이유가 없다.

요청하는 강연을 마다하지 않고 개인적으로 찾아오는 사람도 흔쾌히 만나고 신문에 칼럼을 쓰는 행위는 돈을 기준으로 보면 참 허망한 짓들이다. 그러나 꿈의 맥락에서 보면 모두가 필요한 일이다. 가상현실이 줄 수 있는 새로운 경험과 산업적 가능성을 널리널리 알려서 산업의 파이를 키우는 것이 직접적인 목표다. 산업의 파이가 커질수록 볼레 크리에이티브의 성공 가능성이 커진다. 성공했을 때 더 많은 돈을 벌 수 있다.

좀 더 장기적인 맥락은 내가 더 유명해지는 데에 있다. 볼레 크리에이티브의 가능성을 입증해 구글이나 페이스북에 매각한다면 나는 지금보다 더 많은 자본을 가지게 된다. 그리고 꿈을 아이템으로 해서 사업을 키우고 매각하는 경험을 가지게 된다. 그러면 내가 청춘들의 롤모델이면서 청춘들의 꿈을 지원해줄 수 있다. 기업가로서 그들에게 새로운 도전을 할 수 있는 안전망을 만들어줄 수 있다. 경험, 자본, 네트워크를 통해 꿈을 구체화할 수 있는 멘토가 되어주고 투자자가 되어줄 수 있다. 나는 청춘들의 드림메이커Dreammaker가 되고자 한다.

나와 내 가족들만 호의호식하자면 지금 가진 돈으로도 충분하다. 더 호화로운 생활을 원한다면 볼레 크리에이티브를 조기에 성공시키는 활동 외에는 할 이유가 없다. 나는 사업을 성공시켜서 많은 돈을 가진 유명한 사람이 되고자 한다. 그러면 훨씬 더 큰 영향력으로 청춘들을 지원할 수 있다. 나를 시발점으로 해서 IT산업으로 제4의 산업혁명을 만들 수 있는 그런 꿈나무를 키워보고 싶은 것이다. 지금 하고 있는 대외활동들이 급한 사업을 놔두고 엉뚱한 짓을 하는 것처럼 보이겠지만 다 연관성이 있는 행동이다. 이게 답이 될 것인지 확실하지 않다. 해보지 않으면 알 수 없다.

대부분의 사람들은 급하고 중요한 일은 열심히 잘해낸다. 그런데 급하지 않지만 중요한 일을 하는 사람은 많지 않다. 급하고 중요한 일을 처리한 다음에는 급하지도 않고 중요하지도 않은 일을 하면서 시간을 보낸다. 여가활동이나 재충전의 시간이 필요하다고 말할 수 있다. 좋다. 그것이 중요한 일이라면 그렇게 하라. 그러나 그렇게 하면서도 뭔가 달라지기를 기대해서는 안 된다.

《역사서설》,《국가는 왜 실패하는가》,《이성적 낙관주의자》,《권력의 종말》,《사람들은 어떻게 광장에 모이는 것일까?》등의 묵직한 책을 추천한 사람은 마크 저커버그다. 자신에게 영감을 준 책들이라고 한다. 대학교수의 추천서라고 해도 믿을 수 있을 정도다. 그는 틀에 박힌 사고를 하지 않기 위해 전문 분야가 아닌 것을 공부한다. 중국어도 배워서 연설을 할 정도의 수준이다. 그는 한가한 사람이 아니다. 세상에서 가장 바쁜 사람 중 하나다. 그럼에도 불구하고 한가해 보이는 일을 놓지 않기 때문에 세상을 연결하겠다는 꿈을 꿀 수 있는 것이다. 이런 데서 페이스북을 경영하는 힘이 나온다고 생각한다.

그는 회색 티셔츠에 청바지를 입고 다닌다. 매일 같은 옷을 입으니까 누군가 빨기는 하느냐고 물었다. 그는 같은 옷을 일곱 벌 샀다. 그에게 치장하는 일은 중요하지도 급하지도 않은 일이다. '옷을 코디하는 게 집중력을 흐트러뜨린다. 나는 내 모든 에너지를 더 나은 제품과 서비스를 만드는 데 쏟고 싶다'는 것이다.

대외활동 외에 나에게 중요하지만 급하지 않은 일은 건강관리, 피부관리, 게임, 독서 등이다. 나는 건강한 몸에 건강한 정신이 깃든다는 말을 믿는다. 정신력으로 몸을 지배한다는 말도 있지만 그건 극한 상황에서 일시적으로 하는 것이다. 인간이 평생 극한의 정신력을 가지는 것도 불가능하다. 건강을 유지한다는 것은 사업을 하는 데도 굉장히 중요한 요소다. CEO가 아프다는 소식이 들리면 주가는 금방 떨어진다.

언젠가부터 스티브 잡스처럼 CEO가 직접 브리핑 하는 일이 많아졌다. 이제는 기업의 전략을 세울 뿐 아니라 신뢰를 주는 얼굴 마담까지 해야 한다.

최근 글로벌 기업의 CEO들을 보면 인물도 훤칠하고 날씬하다. '후덕한 사장' 은 옛날 말이다. 그래서 피부관리도 중요하다. 개인적인 경험도 한몫했다. 국민학교 6학년 때였다. 지하철 승차권을 사면서 '국민학생 2구간이요.'라고 했는데 믿어주지 않았다. 주민등록증도 없고 학생증도 없고, 내 나이를 증명할 방법이 없었다.

"너처럼 큰 6학년이 어디 있어? 어디서 아저씨 속이려고 그래!"

겁이 나서 중학생 표를 샀다. 그리고 억울해서 많이 울었다. 그 이후에도 내 나이보다 대여섯 살 많이 보는 사람들이 꽤 있었다. 나는 청춘들을 포함해 많은 사람을 만나야 하고 그렇게 살고 싶다. 가능하면 첫인상이 좋은 게 유리한데 피부가 첫인상을 결정하는 중요한 요인이라고 한다. 이왕이면 나이보다 젊어 보이는 사람이 더 매력적이다. 무엇보다 건강하게 오래 살아야 꿈을 실천할 시간과 에너지를 확보할 수 있다. 일주일에 세 번 운동을 하고 영양제도 잘 챙겨먹고 있다.

게임은 산업의 흐름을 이해하기 위해 꼭 해야 할 일이고 독서는 더 강조하지 않아도 될 거라고 믿는다. 당분간 게임을 하지 않아도, 한동안 건강에 무심해도, 피부관리를 하지 않아도, 책을 읽지 않아도 당장 무슨 일이 생기지는 않는다. 그래서 이런 일들이 더 무섭다. 게임산업의 흐름을 놓쳤음을 알게 되어도, 건강에 문제가 생겼다는 것을 알게 되어도 그때는 늦다.

여러분에게 급하지는 않지만 중요한 일은 무엇인가? 인생의 가장 기본적인 재료는 시간과 생명이다. 생명이 다할 때까지 시간을 어떻게 사용하느냐가 인생을 결정한다. 뭔가 달라지기를 원한다면 지금까지와는 다른 방식으로 시간을 사용해야 한다. 급한 일만 하면 평생 쫓기는 삶을 산다. 살고 싶은 삶을 살지 못하고 먹고살기 위해 허덕이는 삶을 살게 된다.

꿈이 있으면 다르다. 꿈이 있으면 그것을 이루기 위해 중요한 일이 생긴다. 그러면 시간에 쫓기는 삶이 아니라 꿈을 이루기 위한 질료로 시간을 사용할 수 있다. 선택은 곧 배제다. 하지 않던 뭔가를 하려면 하던 뭔가를 하지 않아야 한다. 무엇을 배제하고 무엇을 선택하는지에 따라 인생이 결정된다. 자신을 바꾸고 세상을 변화시킨 사람들은 모두 급하지 않지만 중요한 일들을 꾸준히 한 사람들이다. 오늘, 중요한 일을 하라.

자기 성향의
장점을 살려라

자고로 사람은 한 분야를 끈질기게 파서 해당 분야의 전문가가 되어야 성공한다고 어른들은 말씀하셨다. 그들이 경험한 것을 토대로 한다면 틀린 말은 아니었다. 어렸을 때 읽은 위인전 속의 인물들은 하나같이 놀라운 인내심과 집중력 그리고 한 우물을 파는 뚝심을 보여주었다. 현대사회에서도 크게 다르지 않다. 의사, 변호사, 회계사 등 오랜 시간 놀라운 집중력과 투지로 한 우물을 판 사람들이 돈도 많이 벌고 사회적인 인식도 좋다.

나는 어땠는가? 작심은 3일을 넘기지 못했다. 공부는 머리가 아니라 엉덩이로 하는 거라는데 나의 엉덩이는 참 가벼웠다. 교과서 외에도 재미있는 것이 얼마나 많은지 두루두루 섭렵하기에도 시간은 모자랐다. 부모님은 '저렇게 끈기가 없어서야, 저렇게 집중력이 없어서야.'라며 혀를 차셨다.

　나는 무얼 해도 진중하게 끝까지 파지 않아서 끈기가 없다는 이야기를 많이 들었다. 성인이 되어서도 달라지지 않았다. 한 직장에서 오래 근무해야 성실함을 인정받는다고 하는데 나는 그러지 못했다. 첫 직장에 들어간 뒤 볼레 크리에이티브를 창업한 2015년까지, 10년 동안 6개의 회사를 다녔고 7번째 창업을 했다. 평균을 내면 하나의 회사에 1년 남짓 다닌 것이다. 스케일폼에서 오토데스트로 넘어간 것, 오큘러스가 페이스북에 매각된 걸 각각 하나로 치더라도 5번째 회사다. 게임도 스포츠를 빼놓고는 두루두루 하는 편이다. 세상에 재미있는 게임이 얼마나 많은데, 지금도 새로운 재미를 주는 게임이 얼마나 많이 나오는데 하나만 하고 있을 수 있는가? 판타지 요소가 들어간 게임을 좀 더 좋아하긴 하는데 워낙 많으니까 걱정하지 않아도 된다.

　여전히 잡다하게 관심이 많다. 정치도 재밌고 사회현상도 재밌고 법률도 재밌다. 그래서 누구를 만나도 맞장구를 쳐주고 한두 마디 보탤 수 있는데 깊이 들어가면 경청 모드가 되어야 한다. 어렸을 때 받았던 지적 그대로, 여전히 산만하고 집중력이 없는 것이다.

　그러니 나는 어른들의 말씀에 따르면 결코 성공할 수 있는 성향과 커리어를 가진 사람이 아니다. 내 기준으로 나는 아직 성공한 사람이 아니지만 어른들은 나를 성공했다고 평가한다. 내가 지금 이 자리에 있는 이유가 산만함이었다고 하면 어른들은 절대로 그럴 리 없다고 하실 것이다. 그러나 상당 부분 사실이다.

지금까지 내가 한 일을 한마디로 정리하라면 '연결'이라고 답하겠다. 진흥원에서는 외국과 국내의 게임업계 사람들을 연결하는 일을 했다. 스케일폼에서는 유저인터페이스 제작 툴을 게임회사에 연결했다. 오큘러스에서는 가상현실과 게임을 연결하려고 했다. 지금은 대표로서 사내 게임 개발자들을 연결하는 일을 하고 있다.

소개팅 주선자가 되려면 양쪽을 모두 알고 있어야 하듯이, 서로 다른 둘을 연결하려면 양쪽의 입장을 이해하고 있어야 한다. 외국 게임회사와 국내 게임회사의 입장을 알아야 하고 스케일폼의 상품과 개발자들의 고충을 이해해야 한다. 어느 한 분야의 전문가였다면 그 일을 하기 어려웠을 것이다.

산만한 사람들의 입장을 대변해 말하자면, 전문가의 시대가 가고 산만한 자의 시대가 오지 않을까 추측해본다. 생각해보면 내가 어렸을 때 있었던 많은 전문가들이 없어졌다. 수제화 전문가도 많았고 그릇이나 옹기를 만드는 전문가도 있었고 타이피스트도 있었고 목수도 많았다. 여전히 남아 있지만 그 입지가 과거에 비해 좁아졌다. 개인의 기술을 기계가 대체했기 때문이다.

최근에 좀 어려워졌다고는 하는데 변호사와 의사는 여전히 돈을 많이 버는 직업으로 인식된다. 그런데 인공지능이 변호사 5명이 찾아야 할 법률적 검토를 1시간 안에, 판례까지 찾아서 보여주는 시대가 오면 어떻게 될까? IBM이 개발한 인공지능 왓슨은 이미 암 진단에 활용되고 있다. 환자의 증상과 의학문헌 등을 기초해 몇 분 만에 종합적인 분석을 끝내는데 암 진단 정확도가 90%를 넘고 있다고 한다. 수십 만 건의 임상사례가 모두 입력되어 있고 새로운 사례를 곧바로 업데이트할 수 있는 인공지능이 나온다면 어떻게 될까?

여전히 전문가는 필요하다. 분야가 달라지긴 하겠지만 각 시대마다 각광받는 영역의 전문가는 있을 것이다. 그러나 한 우물을 파지 않는, 다방면에 관심이 있는 사람의 장점은 무시되어 왔다. 어떤 상황이 벌어졌을 때 그것이 왜 벌어졌는지 다양한 각도에서 해석할 수 있는 능력, 사건과 사건 사이의 연관성을 통찰해내는 사람은 한 분야의 전문가가 아니라 다방면에 관심이 있는 산만한 사람이다.

《나이키의 상대는 닌텐도다》라는 책이 있다. 운동화와 게임기가 경쟁을 한다는 말은 얼핏 이상하게 들린다. 나이키는 1994년부터 1998년까지 매년 세 배 이상 성장했다. 이후 성장률이 둔화되자 원인을 분석했다. 그 결과 경쟁자는 리복, 푸마, 아디다스가 아니라 소니, 닌텐도, 애플 등의 IT기업이라는 결론에 도달했다. 나에게는 둘 다 중요한 일이지만 일반적으로 게임과 운동은 여가활동으로 여겨진다. 게임산업이 성장하면서 소비자들의 여가 시간을 게임과 나눠쓰게 되었다. 자연히 여가활동에 투입하는 비용도 나눠지게 된다. 이후 나이키는 애플과 손을 잡고 운동화 밑창에 센서를 달아서 아이팟iPod과 연결해 운동량을 체크해주는 제품을 내놨다.

다방면에 대한 관심을 진짜 재능으로 만들려면 기성세대가 좋아하는 '예'라는 답 대신 '왜?'라는 질문을 해야 한다. 이 사건이 왜 벌어졌는지 '다방면'에서 살펴보는 연습을 해야 한다. 그 연결고리를 찾아내는 것을 통찰이라고 한다. 어른들이 결코 성공할 수 없다고 했던 '다방면에 대한 관심이라는 재능'으로도 얼마든지 성공할 수 있다. 연결과 공유의 시대에서는 오히려 강점이다. 사람의 성향은 어디에 쓰이느냐에 따라 장점이 되기도 하고 단점이 되기도 한다. 그러니 더 이상 자괴감을 가질 필요가 없다. 자괴감을 가질 시간에 장점으로 쓰일 곳을 찾는 것이 현명하다.

경험의 틀 밖으로
외출하라

농경사회에서는 노인들이 대접을 받았다. 나이가 들면 자연스럽게 지혜로워지면서 마을의 리더가 되었다. 노인은 마을에서 지식과 경험이 가장 많은 사람이었다. 언제 파종을 해야 할지, 약초는 어느 골짜기에 많은지 노인은 다 알고 있었다. 아이가 아플 때 무슨 풀을 달여 먹여야 하는지 할머니들은 알고 있었다. 풀기 어려운 문제라도 지혜로운 노인들에게 가면 쉽게 풀렸다. 젊은 사람들은 노인을 극진히 대함으로써 그들의 지혜를 전수받을 수 있었다.

산업사회로 넘어오면 이야기가 달라진다. 기계가 고장났을 때 노인을 찾는 사람은 아무도 없다. 아이가 아프면 병원으로 달려간다. 노인은 더 이상 지혜롭지도 않고 마을의 리더도 아니다. 그에게 지혜를 구하는 사람은 많지 않다. 정보화 사회가 되면서 노인들은 도대체 뭘 아는 게 없는 사람이 되었다. 아이콘 클릭 몇 번만 하면 되는 걸 못해서 번번이 아들을 부른다. 자신이 알고 있는 뭔가를 알려주려고 해도 도대체 들어먹지를 않는다. 이제 존경보다는 보호의 대상으로 인식된다.

농경사회는 변화가 거의 없다. 10년 전이나, 20년 전이나, 30년 전이나 농사짓는 방법은 크게 달라지지 않는다. 산도 그대로고 강도 그대로고 호미와 낫도 그대로다. 새로운 지식이나 시각을 갖는 것보다 지금까지 쌓아온 것을 받아들이는 것이 유리했다. 그래서 같은 경험을 수십 년 동안 반복해온 노인들의 지혜가 젊은 사람들을 압도했다.

산업사회는 농경사회보다 변화의 속도가 빨랐다. 변화에 기민한 사람들은 큰 성공을 거두었지만 그렇지 않더라도 먹고사는 데는 지장이 없었다. 젊은 시절에 좋은 기술 하나 익혀서 열심히 일하면 자식을 기르면서 저축도 할 수 있었다.

지금 우리는 정보가 우리를 찾아오는 웹 4.0 시대에 살고 있다. 과거 어떤 세대도 경험하지 못한 엄청난 속도로 변화하는 시대다. 직장인이던 누군가가 10년 동안 오지에서 은둔생활을 한 후 2026년에 문명세계로 돌아온다면 그가 알고 있던 세상은 추억 속으로 사라졌을 것이다. 그가 갖고 있던 업무지식도 쓸모가 없다.

20년 전, 친구 집에서 컴퓨터를 보면 '인터넷 돼?'라고 물었다. 모뎀으로 연결된 인터넷으로 동영상은 고사하고 사진 한 장 보려고 해도 하염없이 기다려야 했다. 최신 컴퓨터 모델은 펜티엄, 하드디스크 용량은 2기가였다. 집 전화의 회선을 사용하니까 부모님이 잠든 새벽에야 마음 놓고 PC통신을 할 수 있었다. 10년 전, 걸어 다니면서도 그때보다 빠른 인터넷을 사용할 수 있었고 지금은 모두들 아시는 바와 같다. 마을 사람 모두가 달라붙어 하루 종일 하던 모내기를 이앙기 한 대가 몇 시간 만에 뚝딱 해치우듯이, 10년 전에 한 사람의 주요 업무이던 일이 클릭 몇 번으로 처리가 된다. 다시 10년 후면 말 한마디면 해결될 것이다.

지금까지 청춘들은 어른들의 안내대로 착하게 살아왔고 살고 있다. 기성세대가 정해주는 틀에서 벗어나지 않았다. 그것은 자신을 버리고 세상의 요구대로 살아야 한다는 것이었다. 노인 세대 혹은 기성세대를 폄훼할 의도는 절대 없다. 어른에 대한 공경은 필요하고 나도 그렇게 교육받으면서 자랐다. 우리가 지켜야 할 전통이라고 생각한다. 인간살이에서 변화하지 않는 부분에 대한 지혜는 구해야 하지만 새로운 세상을 헤쳐 나가는 길은 낡은 가치에 의존해서는 안 된다는 것이다. 지금 한국의 상황, 그리고 미래의 상황에서 안정과 연봉은 이앙기의 시대에 품앗이처럼 낡은 가치다. 낡은 가치로 현재를 살고 미래를 개척하려니 답이 보이지 않고 비전이 보이지 않는 것이다.

올해까지 유효했던 가치가 내년에는 낡은 것이 될 수 있다. 내가 이 책에서 말하는 가치 역시 몇 년 후에는 낡은 가치가 될 수 있다. 그래서 사회 변화를 예의주시해야 한다. 다양한 경험과 다양한 사람들을 통해 자신의 가치를 점검해야 한다.

한때 대한민국의 부모들은 '하고 싶은 모든 것은 대학에 가서 하라'고 했다. 연애도 취미도 하고 싶은 공부도 친구도 모두 좋은 대학에 가서 하면 된다고, 그때 가서 해도 늦지 않는다고 했다. 이제 그런 낭만적인 대학은 없다. 1학년 때부터 스펙을 쌓든, 아니면 그냥 놀아버리든 취업에 대한 중압감에 시달리며 대학생활을 보낸다. 그러면 언제쯤 하고 싶은 뭔가를 하면서 살 수 있을까?

어릴 때부터 대학 때까지 하고 싶은 다양한 경험을 하면서 자신을 발견하고, 그런 자신이 이루고 싶은 꿈을 발견해야 한다. 조금은 아쉽지만 아직 늦지 않았다. 금지되었던, 추천되지 않았던 여러 경험들을 지금이라도 해야 한다. 자신을 찾으려면, 다시 꿈을 꾸려면 지금까지 해보지 않았던 경험을 해야 한다. 최근 한 달의 기억을 떠올려보자. 새로운 사람을 만나 깊은 이야기를 나눠본 적이 있는가? 낯선 장소에 가본 적이 있는가? 머리를 후려치는 듯 새로운 의견을 담은 책을 읽은 적이 있는가?

틀에서 벗어난 사고를 하려면 다양한 사람을 만나야 한다. 만나서 듣다 보면 '저런 관점도 있구나, 저렇게 볼 수도 있구나.'라는 것을 알게 된다. 상상하지 못했던 방식의 삶을 선택한 사람들도 있다. 키워드는 '맞다, 틀리다'가 아니라 '다르다'라는 것이다. 전혀 다른 기준으로 세상을 보는 사람, 같은 정보를 전혀 다르게 해석하는 여러 견해들을 만나면서 세상을 보는 눈이 달라지고 자신의 꿈을 발견할 수 있다.

낯선 장소와 색다른 책도 같은 이유에서 중요하다. 틀에서 벗어난 사고를 하려면 틀에서 벗어난 경험을 해야 한다. 아동기, 청소년기에 충분히 해야 했을 다양한 경험들을 지금이라도 해야 한다. 시공간의 제약을 넘게 해주는 것이 책으로 하는 간접 경험이다. 어떤 사람의 평생을 담은 책도 있고 수십 년 동안 수백 권의 책을 읽으면서 연구한 것을 담은 책도 있다. 읽지 않으면 그들의 지식과 지혜를 만나지도 배우지도 못한다.

의식적으로 노력하지 않으면 고만고만한 의견을 가진 주위 사람들만 만나게 된다. 고만고만한 사람들을 만나 고만고만한 불평과 절망을 한다. 희한하게도 학생들은 학생만 만나고, 취준생은 취준생만 만나고, 직장인은 자기 직장 사람들만 만난다. 공감을 주고받으면서 위로는 될지언정 발전을 기대하기는 어렵다. 책은 남들이 읽는 베스트셀러만 읽는다. 다람쥐처럼 늘 다니는 길로만 다닌다. 그러면 그 틀에서 빙글빙글 돌면서 불평하는 삶을 살게 된다.

다양한 경험을 하고 다양한 사람을 만나고 다양한 책을 읽으면서 세상의 변화에 촉을 세워라. 새로운 가치로 세상의 변화를 읽는 눈이 곧 통찰이자 사업의 기회다.

작은 회사에
들어가라

규모가 크지 않은 게임회사가 내 첫 직장이었다. 부모님으로서는 유학까지 시킨 아들이 허접해 보이고 가치 없어 보이는 일을 한다고 생각하셨다. 지인들도 그 스펙으로 왜 낮은 연봉을 받는 게임회사에 들어갔느냐고 했다. 게임을 좋아하고 게임산업의 전망이 밝다는 이유와 함께 업계에서 독특한 인재가 될 수 있어서 제안을 받아들였다. 나는 여전히 게임을 좋아하고 산업의 전망은 그때보다 더 밝아졌다. 독특한 인재가 될 거라는 내 예상도 맞았다.

해외 시장을 확대하려던 게임회사 대표는 영어를 잘하는 사람이 필요했다. 마침 중학교부터 대학까지 캐나다에서 유학한 게임마스터가 있다. 영어가 능통한 직원이 없으면 일시적으로 통역사를 고용해야 한다. 통역은 그냥 두 나라의 말을 잘한다고 되는 게 아니다. 게임업계의 전문용어도 알아야 하고 산업의 흐름도 알고 있어야 한다. 그래야 정확한 의미를 전달할 수 있다. 또 사후 일처리도 해야 한다. 여러모로 통역사보다는 직원인 내가 나았다.

덕분에 나는 사원이면서 리더들의 생각을 들을 수 있었다. 게임회사의 의사결정권자들이 무엇을 생각하고 무엇을 고민하는지 들었다. 그들에게는 일상적인 대화라도 일개 사원에게는 고급 정보였다. 그들의 전략을 직접 들었고 이메일을 받아서 전달하고 답장을 보내는 과정에서 우리 회사의 전략과 방향도 알 수 있었다. 그러다 보니 내가 하는 일이 회사 전체에서 어떤 의미인지 알게 되었다. 내 일의 의미를 알아야 제대로 일할 수 있고 배울 수도 있다. 대기업에 갔으면 얻을 수 없는 기회였다. 그 시기에 식견이 많이 넓어졌다. 게임산업을 보는 비전도 확고해졌고 잊어버렸던 원대한 포부도 조금씩 살아났다.

다들 자기가 가진 스펙에서 갈 수 있는 가장 좋은 회사에 가려고 한다. 그것이 상식이다. 좀 더 큰 기업에 지원할 수 있는 일종의 자격을 얻기 위해 스펙을 쌓았으니 당연하다. 그런데 이 당연한 생각이 철 지난 상식이라고 생각하는 사람은 많지 않은 것 같다.

"요즘 지원하는 친구들 스펙이 장난이 아냐. 해외 연수, 자격증, 토익…… 내가 입사했을 때와 비교하면 월등한 스펙이거든. 그런데 잘 안 뽑혀."

인사 담당자로 일하는 내 친구의 말이다. 이것이 현실이다. 일자리는 부족하고 남들보다 조금이라도 유리한 고지를 선점하기 위한 무한 스펙 경쟁이 벌어지고 있다. 과거에는 학문을 배운 사람을 뽑아서 일을 가르쳤는데 지금은 신입사원을 뽑으면서 직무경험을 요구한다. 그러다 보니 몇 개월짜리 인턴 자리를 놓고도 치열한 경쟁이 벌어진다. 입사하는 데 투자해야 할 돈과 시간은 점점 많아지고 다들 자기가 갈 수 있는 가장 좋은 직장을 바라보니 기업은 고급 인력을 싸게 쓸 수 있다.

2015년 기준으로 비정규직은 868만 명으로 임금노동자의 45%에 이른다고 한다. 사내 하청 노동자처럼 실질적인 비정규직까지 포함하면 50%가 넘을 것이라는 분석도 있다. 비정규직의 평균 임금은 정규직의 절반 수준이다. 그런 자리에도 사람이 몰리고 있다. 들어간 사람은 해고당하거나 미래가 보이지 않아서 그만두고 다시 공채나 공무원 시험을 준비한다. 천신만고 끝에 정규직으로 들어가도 10명 중 4명은 1년 이내에 그만둔다는 통계가 있다. 자신의 적성에 맞지 않아서 그만둔다는 이유가 가장 많았다.

반면 기업의 인사 담당자들은 적성은 핑계일 뿐이고 힘든 일을 하기 싫어하는 등 인내심 부족을 퇴사 사유로 꼽았다. 적성에 맞는 일을 하고 사는 사람이 얼마나 되느냐는 게 일반의 인식이다. 나는 이런 사고 역시 낡은 가치라고 생각한다. 적성에 맞지 않는 일은 힘들 뿐만 아니라 괴롭다. 그 괴로움을 이겨낸 결과가 무엇일지 생각해보라. 그 괴로움에 익숙해진 삶이 어떨지 생각해보라.

'회사는 원래 다 힘든 것이다. 처음에는 힘들지만 열정을 가지고 열심히 하다 보면 보람도 생기고 자리도 잡을 수 있다. 원래 다들 그러고 산다.' 나는 이런 의견에 동의하지 않는다. 힘든 게 아니라 괴로운 것이고 열정은 가지는 게 아니라 샘솟는 것이다. 참는 인생을 산 대가로 받은 월급과 승진은 전혀 보람으로 보이지 않고 10여 년 유지되는 자리가 탐나지도 않는다. 원래 다들 그러고 산다고? 나는 그렇게 살지 않는다. 그냥 찌그러져서 우리가 살아왔던 방식대로, 참으면서 살라는 말에 동의할 수 없다. 지금 청춘들은 모두들 한 방향을 바라보고 있다. 그래서 좀 더 높은 보수를 준다는 것 하나 때문에 자신의 가치를 증명할 기회가 적은 곳으로 몰리고 있다. 그게 정답인 줄 알고 가는데 그런 낡은 가치들을 가지고 도전하기에는 이미 시장은 포화되어 있다.

당장은 월급이 적더라도, 유명하지 않더라도 자신의 가치를 증명할 수 있는 곳으로 가야 한다. 영어를 잘하면 외국계 기업에 가라고들 한다. 거기는 모두들 영어를 잘한다. 영어를 잘하는 사람이 농업 계통으로 가면 어떨까? 간호사 자격증을 가진 사람이 스포츠계로 가면 어떨까? 인터넷에 능통한 사람이 재래시장으로 가면 어떨까? 그는 남다른 인재가 되어서 독특한 기회를 갖게 될 것이다.

대기업은 시스템이 잘 갖춰져 있어서 일을 효율적으로 할 수 있지만 그 일의 전체를 아는 데는 불리하다. 작은 기업은 한 사람이 여러 가지 일을 해야 한다. 일은 힘들지만 더 많이 배울 수 있다.

눈높이를 낮추라는 말이 아니다. 꿈에 맞추라는 말이다. 월급을 선택하면 꿈은 죽는다. 꿈을 선택하면 당장은 힘들지만 미래가 있다. 어떤 일이 꿈을 실천할 수 있는 역량을 갖추는 것인지 알 수 있고, 그러면 자신만의 길을 갈 수 있다. 청춘들의 좌절은 지금 힘들어서가 아니라 미래가 보이지 않기 때문이다. 미래가 보이지 않는 것은 미래를 보지 않고 돈과 안정을 보기 때문이다.

다수가 아니라고 하는 길을 선택하기는 어렵다. 오래도록 자신을 위해 고생한 부모님의 기대를 만족시키기 위해 살아온 사람일수록 그 틀을 깨고 도전하기는 더욱 어렵다. 낯선 길은 위험해 보이기도 한다. 그런데 역설적이게도 리스크를 감당하지 않으려고 할수록 더 위험해진다. 99%의 직장인이 늦어도 50대에는 회사를 나온다. 자식들은 대학생쯤 되고 인생은 아직 30년 넘게 남았다. 또 남들 하듯이 치킨 가게를 하고 삼겹살 가게를 할 것인가?

돈만 많이 주면 인내하는 인생을 살겠다고 하면 그렇게 살아라, 그게 당신 인생이면. 자신의 인생을 살겠다면 그렇게 살 수 있는 선택을 하라, 그게 당신 인생이라면.

8

사업으로
꿈을 실행하라

공공의 이익을
보라

대한민국에서는 욕을 참 많이 먹는 사람들이 있다. 정치인, 공무원, 법조인, 의사, 대기업 오너 일가 등이 그들이다. 정치인은 선거 때만 국민의 머슴이고 금배지만 달면 국민의 상전 노릇을 한다고 욕을 먹는다. 공무원은 최선을 다해 책임을 회피하며 시키는 일만 한다고 욕을 먹는다. 변호사는 하는 것 없이 의뢰인에게 돈을 뜯어가고 판검사는 권력을 남용한다고 욕을 먹는다. 건강과 생명을 맡기는 만큼 신뢰의 상징쯤 되어야 할 의사는 아픈 사람에게 돈 뜯어낼 궁리만 한다고 욕을 먹는다. 대기업 오너는 황제처럼 군림하면서 하청업체와 소비자들을 등쳐먹는다고 욕을 먹는다.

놀랍게도 가장 욕을 많이 먹는 그들이 가장 선호하는 직업에 종사하는 사람들이다. 대기업 오너 일가를 욕하면서 그 기업에 입사했다고 하면 대견하게 여긴다. 이 모순을 어떻게 이해해야 할까? 나로서는 갖지 못한 걸 갖고 있는 사람에 대한 시기심 외에 설명할 방법을 모르겠다. 의사에 대한 반감을 가진 부모라도 자식이 공부를 잘하면 의사를 되기를 바란다. 법조인을 싫어하는 사람도 다르지 않다. 중소기업에서 대기업 직원의 갑질에 시달린 사람도 마찬가지다. 이런 직업을 가지면 사람들에게 대접을 받으면서 다른 사람보다 편하게 더 많은 돈을 벌 수 있다는 것이 이유다.

이런 모순을 좀 과격하게 표현하면 '아들아, 너는 내가 이토록 싫어하는 돈만 아는 의사가 되거라.'라고 말할 수도 있겠다. '의사가 되어서 돈보다 아픈 사람을 먼저 봐도 성공할 수 있다는 사례가 되어라.' '법조인이 되어서 법의 보호가 필요한 사람들을 도와라.' 이렇게 말하는 부모를 둔 사람은 몇이나 될까? 우리 사회의 문제를 해결하기 위해 무엇이 되라고 가르친 부모는 몇이나 될까? 공공의 이익이라는 관점을 제공해준 부모는 얼마나 될까?

대부분의 부모들이 자식의 호의호식을 바란다는 것은 기성세대 대부분이 개인의 호의호식을 지향하고 있다는 뜻이다. 우리도 공공의 이익을 보는 관점에 익숙하지 않다. 공공의 이익이라고 하면 NGO를 먼저 떠올리지만 꼭 그런 것은 아니다. 공공의 이익은 훌륭한 사업 아이템이 되기도 한다.

탐스TOMS라는 신발회사는 소비자가 한 켤레를 구매하면 한 켤레를 제3세계에 기부하는 방식의 사업을 하고 있다. 창업자 블레이크 마이코스키Blake

Mycoskie는 아르헨티나를 여행하다가 많은 아이들이 맨발로 다니는 모습을 봤다. 발에 상처 입은 아이들이 안쓰러웠지만 방법이 없었다. 혼자서 열심히 벌어서 아이들에게 신발을 사주기에는 맨발로 다니는 아이들이 너무 많았다. 그래서 생각한 것이 소비와 구매를 동시에 할 수 있는 사업 아이템이었다. 사람들은 탐스의 스토리에 감동하고 자부심을 구매했다. 론칭 6개월 만에 만 켤레의 신발이 판매되었고 4년 후인 2010년에는 백만 켤레를 판매했다. 현재까지 천만 켤레 이상 판매되었고 동일한 숫자의 신발이 기부되었다. 탐스는 아르헨티나를 포함해 중국, 아이티, 인도, 케냐 등 70개 이상의 국가에 신발을 기부하고 있다.

2011년에는 탐스 아이웨어를 설립했다. 안경을 구매하면 제3세계 어린아이들에게 시력 교정용 안경을 제공하거나 백내장 수술 등 시력을 위한 의학적 서비스를 제공하는 사업이다. 2014년에는 커피를 사면 일주일치 식수를 공급하는 탐스 로스팅 컴퍼니 사업도 시작했다.

미국의 이야기일 뿐이고 헬조선에서는 어림도 없는 소리라고 생각할 수 있겠다. 무한경쟁 사회, 오로지 자신의 이익만을 추구하는 사회, 실패에 대해 가혹한 사회, 밑바닥이 없는 사회에서 탐스 같은 도전을 하다가는 비웃음을 사면서 굶어죽을 거라고.

새로운 해석을 할 수는 없을까? 남들이 무한경쟁을 할 때 같은 꿈을 꾸는 사람들을 모아서 협력을 보여줄 수는 없을까? 공익을 추구해도 돈을 벌 수 있다는 걸 보여줄 수는 없을까? 실패하는 사람들의 밑바닥이 되어주겠다는 상상을 할 수는 없을까?

사람들을 힘들게 하는 헬조선의 여러 문제들을 해결하는 아이디어가 있다면, 아니 문제를 해결하겠다는 꿈만 있다면 그것을 사업화할 수 있다. 청춘 여러분의 생각대로 문제가 많은 사회이니까 사업화할 수 있는 아이템도 많다. 그 많은 문제들 중 하나를 해결하는 것을 자신의 꿈으로 삼을 수 있다. 내가 사업가이기에 사업을 말하는 것이지 그 방법이 꼭 사업일 필요는 없다. NGO 활동가일 수도 있고 정치가일 수도 있고 공무원일 수도 있다.

중요한 것은 사익 추구의 낡은 가치가 아니라 공공의 이익이라는 새로운 가치를 자기 삶에 받아들이는 일이다. 그것이 청춘 여러분의 마음과 인생에 어떤 영향을 미치는지 경험해보라고 말하고 싶다. 상처 입은 발에 신발을 신겨주는 탐스 창업자의 마음을 상상해보라고 말하고 싶다.

불편을
불평하라

인간은 언제 어디서든 불편을 느낀다. 갑자기 생활환경이 크게 개선되어도 머지않아 불편함을 찾아내는 놀라운 능력을 지녔다. 어떤 사람은 내내 불평을 하면서 지내고 또 어떤 사람은 모든 것은 마음먹기에 달렸다며 익숙해지려고 노력한다. 그리고 불편을 느끼는 사람들 중 극히 일부가 불편을 사업화한다.

사람은 각자 다르지만 차이점보다는 공통점이 더 많다. 공통점의 기반 위에 다름이 존재한다. 차이가 더 많다면 인문학은 모조리 폐기되어야 할 것이다. 그래서 내가 느끼는 불편이라면 다른 사람도 느끼고 있을 가능성이 꽤 높다. 불편은 불평을 부른다. 그 불평을 만족으로 바꿀 수 있다면 훌륭한 사업 아이템이 된다. 해결할 방법이 없더라도 같은 불만을 가진 사람들을 모은다면 사업의 리더가 될 수 있다. 실리콘밸리의 많은 기업들이 자신이 느꼈던 불편을 어떻게 해결할까 하는 방식으로 사업을 시작한다.

자동차 공유 서비스를 제공하는 짚카Zipcar는 두 명의 가정주부가 비싼 렌터카에 불만을 품고 시작한 기업이다. 미국의 10여 개 도시에서 서비스를 제공하던 짚카는 한 렌터카 회사에 5,500억 원에 인수되었다. 필 라빈Phil Libin이라는 사람은 아이디어를 정리하는 기존 도구에 불만을 품고 에버노트Evernote를 개발했다. 약 2,500만 명의 불편을 해소해준 덕분에 회사의 가치는 1조 1천억 원에 이른다.

스케일폼은 게임 개발자들의 불편을 해소하는 것이 사업 아이템이었다. 한국 게임회사는 개발자로 들어온 신입에게 유저인터페이스 관리를 맡긴다. 기획자는 쉽게 '이 아이콘의 크기를 조금만 줄였으면 좋겠어.'라고 말하지만 이게 뚝딱 되는 게 아니다. 위치를 조금 바꾸려고 해도 크기를 조금 늘리거나 줄이려고 해도 계산해야 할 것이 많다. 상당한 짜증을 유발하는 일인데 그렇게 해도 일한 티가 별로 나지 않는다. 이런 문제를 말끔히 해결한 회사가 스케일폼이다. 간단한 조작으로 유저인터페이스를 만들고 변경할 수 있도록 한 것이다.

이 아이디어는 어디에서 나왔을까? 개발자들의 불만이었다. 스케일폼은 오토데스크에 매각된 후 2012년에 최대의 매출을 올렸다. 그리고 내가 퇴사

한 이후에 망했다. 내가 회사를 떠날 무렵, 게임의 판도가 PC에서 모바일로 바뀌고 있었다. 스케일폼의 제품은 PC 기반이어서 연산능력이 떨어지는 모바일에서 구동하기에는 무거웠다. 당시 게임 개발자들을 만나서 요즘은 무엇이 짜증을 유발하는지 물었다면 재빨리 제품을 개선해서 내놓을 수 있었을 것이다. 스케일폼이 망한 이유는 프로그램 개발 능력의 문제가 아니라 고객의 불만을 읽지 못하는 리더십의 부재였다.

주목할 점은 사업을 바라보는 관점이다. 우리나라에서 창업을 한다고 하면 무엇을 팔 것인지 고민한다. 그러면 금방 한계에 부딪힌다. 좀 팔리겠다 싶은 물건은 너도나도 만들어서 팔고 있다. 자본도 없는 후발 주자가 끼어들 틈이 없다. 남들이 하지 않는, 그러나 잘 팔릴 만한 물건을 생각해도 기존 상품들의 범주에서 크게 벗어나지 못하는 고만고만한 것들이다. 고정관념의 틀 안에서 움직이게 된다.

불편과 불평을 해결한다는 관점으로 보면 다르다. 우선 모두가 느끼는 불편이라는 확실한 사업 아이템이 있다. 상품 중심이 아니라 해결책 중심의 사고를 하게 되면 기존 상품의 패러다임을 파괴하게 된다. 쥐를 잡는데 흰 고양이면 어떻고 검은 고양이면 어떤가? 그것이 무엇이든 쥐만 잡으면 된다.

외로움 해결이라는 내 아이템의 가능성도 무궁무진하다. 지금은 게임을 만들고 있지만 사회복지 사업을 할 수도 있고 심리상담사들과 공동창업을 할 수도 있다. 외로움을 해결할 수 있다면 어떤 사업이든 가능하다. 이질적으로 보이는 사업들을 연결할 수도 있다.

　　너무나 많은 사람들이 자기 입으로 기막힌 아이템을 '불평'하면서 사업으로는 생각하지 못하고 있다. 익숙해졌을 뿐 원래 그런 불편은 없다. 아직 해결책이 나오지 않았을 뿐이다. 해결을 기다리는 많은 기회들이 불평이라는 이름으로 돌아다니고 있다.

9

꿈을 실천하는
기업가 정신으로
살아라

지식기반 사회가
저물고 있다

명의가 있다. 그는 오랜 시간 의사로 일하면서 수많은 환자를 만났다. 새로 발표되는 중요한 논문도 빼놓지 않고 읽었으며 새로운 의료기술에 대한 관심도 많다. 그는 사소한 증상으로 심각한 질병을 미리 찾아낸다. 정확한 진단과 처방을 하는 명의가 되기까지 타고난 두뇌와 끈질긴 노력 그리고 막대한 시간이 필요했다. 명의라고 해도 세월의 힘을 이길 수 없다. 언젠가 그도 죽을 것이고 지식과 경험에서 나오는 그의 통찰력도 무덤 속으로 들어가고 말 것이다. 명의는 죽음으로써 그 가치도 함께 사라진다.

여기 또 다른 명의가 있다. 의료계에서 일한 지 오래되지는 않았지만 세상에 나와 있는 모든 논문을 읽었다. 온갖 임상사례도 모두 암기하고 있다.

그래서 MRI, 엑스레이, 혈액검사 결과를 분석하는 능력이 누구보다 뛰어나다. 무엇보다 그는 죽지 않는다. 업데이트 될 뿐이다. 그는 '인공지능 의사'다. 인공지능 의사를 명의로 만들려면 한 사람의 '인간 명의'를 양성하는 데 드는 것보다 훨씬 더 많은 비용이 든다. 그러나 일단 명의가 되고나면 더 훌륭해지기만 할 뿐 퇴보하거나 죽지 않는다.

이렇게 되면 더 이상 인공지능 의사보다 훌륭한 인간 의사는 존재할 수 없다. 또한 인간 명의는 특정한 시간에 특정한 장소에만 있을 수 있지만 인공지능 명의는 지구 어디에라도 동시에 존재하면서 동시에 많은 환자들을 돌볼 수 있다. 의사라는 직업이 완전히 사라지지는 않겠지만 의료에서 의사가 차지하는 비중은 극히 축소될 것이다. 그에 따라 돈을 많이 버는 직업에서 의사는 빠지게 될 것이다.

의사를 포함해 세무, 법률, 금융 등이 돈을 많이 버는 직업군으로 꼽힌다. 이들은 공히 전문성을 갖추기까지 많은 시간을 들여 지식을 쌓아야 한다. 현대가 지식기반 사회이기 때문에 그들은 그 지식의 힘으로 많은 돈을 벌고 있다. 그러나 앞으로는 점점, 그러다가 어느 순간 폭발적으로 지식을 기반으로 하는 일들을 사람 대신 인공지능이 대체하게 될 것이다. 데이터화, 체계화 할 수 있는 모든 직업들은 인공지능으로 대체할 수 있다. 그러면 더 이상 인간에게 비싼 돈을 지급하지 않아도 된다. 인공지능을 개발하는 기업들도 '가장 비싼 직업'을 먼저 개발할 것이 분명하다. 가장 비효율적인 노동자원인 인간을 대체하려는 노력은 이윤을 극대화하려는 기업의 요구에 적합하기 때문이다.

이런 세상은 생각보다 빠르게 다가오고 있다. 그러면 인간은 무엇을 해야 하는가? 이미 나와 있는 기술을 통해 인공지능이 하지 못하는 어떤 일을 해야 한다. 그 일은 무엇인가?

오타쿠의
시대가 온다

나는 미래학자가 아니므로 사회 전반에 걸친 변화를 말할 능력은 없다. 그러나 지금 한창 뜨고 있는 '연결과 공유'라는 키워드가 더욱 중요해지리라는 예측은 내놓을 수 있겠다. 페이스북, 카페, 밴드, 에어비앤비, 소카 등등 연결과 공유로 정리할 수 있는 기업들이 급속한 성장을 거듭하고 있다. 이제 시작이라고 보면 연결과 공유는 산업의 거대한 흐름이 될 것이다.

그러면 사람들은 무엇으로 연결되고 무엇을 공유하는가. 페이스북이나 밴드 등은 연결의 도구이지 연결의 내용이 아니다. 카카오스토리나 밴드는 기존 인간관계의 새로운 연결방식이기도 하지만 다른 내용의 연결도 많다. 취미로 모일 수도 있고 자동차를 중심으로 모일 수도 있다. 딱히 뭐라고 이름

붙이기는 애매하지만 감동적인 글이나 동영상을 공유하기도 한다. 이런 것들을 나는 '취향 중심의 연결'이자 '취향의 공유'라고 부른다.

사실 내 또래만 해도 취향을 존중하지 않는 문화에서 자랐다. 텔레비전은 아버지의 취향에 따라 채널이 돌아갔고 반찬도 아버지의 취향을 반영했다. 옷은 어머니의 취향이었고 두발은 학교장의 취향이었다. 문화도 그랬지만 개인의 취향을 반영할 만큼 상품이 다양하지도 않았다. 나는 여전히 커피숍에 가면 늘 이렇게 말한다.

"아메리카노 주세요."

여름에는 '아이스'가 하나 더 붙는 정도다. 지금은 익숙해졌지만 처음에는 이것저것 묻는 게 귀찮았다. 지금 청춘들은 우리 세대와 다르다. 커피의 종류도 다양하고 같은 커피라도 뭐는 넣어야 하고 뭐는 빼야 한다. 같은 우유를 넣더라도 그 우유의 종류가 달라지기도 한다. 나보다 여러분이 더 잘 아는 내용이다.

예전에는 '커피를 좋아한다, 싫어한다' 정도가 커피에 대한 취향의 전부였다면 지금은 생두의 원산지, 로스팅의 강도, 추출방식, 농도 등 아주 다양하다. 취향의 세분화가 일어나고 있는 것이다.

편의점이나 마트에서 파는 맥주를 봐도 그렇다. 하이트와 카스라는 광범위한 '취향의 강요'에서 벗어나 다양한 맥주가 진열되어 있다. 취향에 따라 고를 뿐 대세를 따라야 한다는 건 없다. 미국은 이미 오래전에 취향 존중 문화가 정착되었다. 굳이 미국에 가보지 않아도 식당 종업원이 묻는 게 참 많다는 걸 알 수 있다. 달걀 하나를 먹더라도 스크램블인지 프라이인지 묻고, 노른자는 익힐지 반숙으로 할지 묻는다.

'범용, 대세'는 사라지고 '개인 맞춤, 다품종'의 시대가 오고 있는 것이다. 취향 존중을 조금은 귀찮아하는 기성세대들도 특정 분야에서는 취향을 강하게 드러낸다. 그리고 취향이 존중받을수록 젊은 세대처럼 자기 취향에 따른 소비를 하게 될 것이다.

자기 취향을 중요하게 생각하는 소비자가 늘어나면 기업들도 다양한 제품을 만들어내야 한다. 그래야만 생존할 수 있다. 동일한 제품을 취향에 맞춰 다양하게 생산하려고 할 때 필요한 인력은 누구일까. 학교에서 배운 범용의 지식은 별로 쓸모가 없다. 필요하다고 해도 인공지능이 대신해줄 것이다. 그러면 기업의 인사 담당자들은 인력을 채용할 때 어떤 질문을 하게 될까.

"어떤 분야에 관심이 많아요? 앞으로 그 분야는 어떻게 변할 것 같아요?"

학벌이나 자격증, 범용의 지식이 아니라 특정 분야에 대한 타의 추종을 불허하는 관심, 통찰, 지식을 원하게 될 것이다. '오타쿠'가 이 조건에 들어맞는다. 아직까지 일반적인 채용의 기준이 아니므로 당장 적용할 수는 없다. 하지만 곧 중요한 채용기준이 되리라 생각한다. 그렇다면 지금 여러분은 무엇을 할 것인가?

만들 수 없다면
이용하라

앞서 말했듯이 같은 취향을 가진 사람들을 연결해주고 그들이 취향을 공유할 수 있게 해주는 서비스를 하는 기업들이 성장하고 있다. 플랫폼이 문전성시를 이룬다면 그것을 기반으로 무궁무진한 사업을 벌일 수 있다. 여러분에게 페이스북을 뛰어넘는, 밴드쯤은 아무것도 아닌 어떤 플랫폼에 대한 아이디어가 있다면 도전해볼 수 있다. 자본과 시간이 들겠지만 아이디어만 좋다면 투자받는 것은 그리 어려운 일이 아닐 것이다.

그런 아이디어가 없다고 너무 실망할 건 없다. 이미 제공되어 있는 플랫폼이나 시스템을 이용해 사업의 초석을 닦을 수 있다. 예를 들어 여러분이 의자에 관심이 많다고 하자. 의자란 책상 앞에 놓인 것만을 의미하지 않는다.

인간이 엉덩이를 붙이고 앉는 모든 물건이 의자가 될 수 있다. 의자를 주제로 카페를 만들고 용도, 디자인, 재료, 안락함 등등을 기준으로 의자들을 분류하고 자료를 수집한다. 브랜드별로 어떤 새로운 상품이 나왔는지 조사하고 직접 가서 앉아보고 느낌을 올린다.

그러면 의자에 관심 있는 사람, 의자에 대한 정보가 필요한 사람들이 몰려올 것이다. 그들 중에는 커피숍에 놓을 의자가 필요한 사람도 있을 것이고 서재에 두고 쓸 의자를 찾는 사람도 있을 것이다. 방문자들은 정보를 가지고만 가지 않는다. 거기에 자신의 취향이라는 중요한 정보를 놓고 간다. 의자에 관한 여러 사람의 다양한 취향 데이터가 여러분에게 있다면 그것을 기반으로 한 사업이 가능하다. 의자 제조사와 파트너십을 맺을 수도 있고 직접 의자를 디자인해 만들어볼 수도 있다.

이는 내가 가상현실을 널리 알리고 사람들을 불러 모으기 위해 썼던 방법이기도 하다. 가상현실에 대한 정보를 모으고 계속해서 업데이트를 해나가자 일반인들을 포함해 전문가들도 카페를 방문했다. 당시 내 고객은 전문가들이었지만 크게 보면 카페 방문자 모두가 가상현실을 널리 알릴 얼리어답터early adopter였다.

이미 구축되어 있는 플랫폼과 취향을 이용한 사업으로는 '직접판매Direct Selling'도 있다. 우리나라에서는 직접판매가 '다단계'와 같이 부정적인 이미지로 비쳐지기도 하고 많은 사람들이 오해를 하는 부분도 많지만 실제로는 사람들이 알고 있는 부분과 다른 측면이 많다. 직접판매는 회원으로 가입하고 자기가 물건을 썼을 때 받은 감동을 남에게 전달하는 것이 기본 개념이다. 사람만 많이 끌어들이면 돈을 번다는 게 아니다.

직접판매는 주위 사람들에게 구전을 통해서 제품의 우수성이나 사업의 기회를 전달하는 일이다. 텔레비전이나 신문광고 등은 불특정 다수를 향한 광고인데 광고비 중 몇 퍼센트가 구매의사가 있는 사람에게 사용되는지 정확히 알 수 없다. 직접판매는 다르다. 나를 잘 아는 사람이면 내 취향도 알고 있을 것이다. 나를 예로 든다면 정말 멋진 가방이나 옷을 들고 나를 찾아오면 1년 내내 와도 몇 벌 팔지 못할 것이다. 새로 나온 게임이나 IT 기기라면 꽤 많이 팔 수 있다. 효과 있는 건강식품이라면 10년이고 20년이고 고객이 될 것이다.

사람들이 쉽게 오해하는 바와 같이 직접판매는 단순히 아는 사람을 찾아가 물건을 팔고 가입을 권유하는 게 아니라는 말이다. 주위 사람들의 관심사와 취향을 파악하여 그에 맞는 상품을 권하는, 어떻게 보면 가장 최적화된 구매방법일 수 있다. 그리고 앞으로는 취향의 세분화가 사회의 흐름이니 그것을 활용하는 사업이 주목받을 것이다.

나에게도 주위 사람들을 통해 직접판매에 대한 사업 모델이 전달되었다. 캐나다 유학시절 친했던 친구의 누나가 암웨이Amway를 전했는데 실은 그때가 벌써 세 번째였다. 처음 두 번 찾아온 암웨이는 아직 사업이라는 것에 대해 무지한 상태였고 세상의 낡은 가치에 얽매어 기회를 기회로 보지 못하는 시점에 찾아왔던 것이라 심각하게 고민을 해보지 못했다. 하지만 세 번째는 달랐다. 특히 이 사업에 대해 가르침을 준 김민기 리더와의 미팅은 나에게 암웨이를 새롭게 볼 기회를 제공했고 신선한 충격을 선사했다.

'직접 해보지 않으면 모른다'는 사고방식을 가진 나는 암웨이 제품을 사용하고 있고 암웨이가 제공하는 여러 사업 플랫폼들을 사용하고 있다. 여러 직접판매 회사가 있지만 그 중 암웨이를 선택한 것은 크게 세 가지의 이유에서였다.

첫째, 회사의 근본철학인 '사람들을 더 좋은 인생을 살 수 있도록 돕는다 Helping People Live Better Lives라는 창업자들Rich DeVos, Jay Van Andel의 메시지가 너무 마음에 들었다. 이는 창업자들의 의지를 볼 수 있는 대목으로 회사가 암웨이를 사업수단으로 활용하는 사람들을 어떻게 생각하는지가 잘 표현되어 있다. 내 인생의 큰 꿈 역시 누군가에게 선한 영향력을 미치는 사람이 되는 것이고 누군가의 성장과 성공을 후원하는 사람이 되는 것인데 암웨이는 이러한 부분에서 나와 뜻이 가장 맞는 멋진 회사다.

둘째, 암웨이의 놀라운 성장이 인상적이었다. 1959년에 설립해 2019년이면 60년이 되는 역사를 가지고 있는데 전 세계 100여 개 지역 국가에서 지속적으로 성장해왔고, 경제성장률이 제로에 육박하는 시대에 대한민국에서만 거의 7%의 성장률을 보였다. 하나의 기업이 탄생해서 60년을 유지한다는 것은 보통 어려운 일이 아니다.

2014년 재벌닷컴이 공개한 자료에 의하면 2013년 말 기준 자산 100억 원 이상의 상장사와 비상장사 3만 827개사를 대상으로 사업보고서와 감사보고서상 창업연도를 조사한 결과 전체 기업의 평균 역사는 16.9년에 불과했다. 기업 역사별로 60년 이상은 192개사, 창업 반세기를 넘은 기업은 658개사로 전체의 2.13%였다.

60년을 한결같이 창업이념을 이어오면서 직접판매 기업 1위로 올라섰다는 것은 그만큼 제품과 시스템이 증명되었다는 것을 반증하는 것이고 시대의 변화에도 통할 수 있다는 것이다.

셋째, 다양한 취향을 만족시킬 수 있는 많은 종류의 제품군이 있다는 사실이다. 국내외에 여러 직접판매 회사가 존재하지만 암웨이만큼 다양한 제품군을 소유하고 있는 곳은 없다. 다들 화장품 혹은 건강식품 등 어떤 특정한 분야의 제품들만 유통하고 있을 뿐이다. 그러면 접근할 수 있는 소비자도 한정될 수밖에 없다. 다양한 취향을 맞추기가 어렵기 때문이다.

볼레 크리에이티브는 암웨이를 회사의 복지로 활용하고 있다. 회사에서 복지란 양날의 검과 같은 것이다. 회사 재무제표에는 손해비용으로 처리가 되며 이에 대한 ROI_{Return of Investment: 투자자본수익률}는 대부분 정성적인 가치이기 때문에 정량적인 가치로 환산하기 어렵다. 그렇다고 복지라는 것을 아예 없앨 수도 없다. 복지는 직원들의 근무환경 만족도를 높이기 위한 방법으로 쓰이기 때문이다.

나는 여기서 한 가지 아이디어를 냈다. 바로 회사와 개인의 고정비용을 연결한다는 것이다. 회사에서는 직원들의 복지를 위해 각종 음료수와 간식, 야식거리를 구매한다. 이 부분은 흔히 회사가 돈을 벌고 있든 돈을 벌고 있지 않든 지출하는 복지비용이며 고정비용이다. 그리고 개인들은 회사에서 받은 월급으로 개인 위생은 물론 개인 건강을 위해 지불하는 고정비용들이 있다. 이 고정비용을 연결할 수 있는 방법, 그리고 그 비용에 대한 ROI를 정량적으로 산출할 수 있는 방법을 나는 암웨이에서 찾았다.

한 달에 직원의 복지비용을 10만 원으로 책정하고 암웨이에서 구매하는 제품에 대해 10만 원까지 다음 달 월급에 합해서 주는 방법을 썼다. 처음에는 직원들에게 왜 암웨이 제품을 써야 하나라는 질문과 왜 선택의 폭을 암웨이로 한정하느냐에 대한 불만을 들었다. 하지만 잘 생각해보자. 대기업들의 복지는 어떤가? CJ를 다니는 직원은 CJ 계열 식음료를 구매하면 일정 비율의 할인을 받는다. 영화도 CJ 계열 영화관에서 관람을 하면 일정 비율의 할인을 받는다. 삼성전자나 엘지전자 직원도 자사의 제품을 구매하면 일정 비율의 할인을 받는다. 현대/기아자동차도 마찬가지다. 여기에 대해 불만을 토로하는 직원은 거의 없다. 오히려 당당하게 할인을 받는 사실을 자랑스러워하며 우리 회사 좋은 회사라고 칭찬한다.

하지만 진실은 어떤가? 회사에서 100만 원의 월급을 준다고 가정하고 여기에 내가 회사 계열사가 운영하는 식음료와 영화 비용에 20만 원을 지불했다고 하자. 그럼 회사가 직원들에게 노동의 대가로 지불한 총 비용은 80만 원이라는 간단한 계산이 나온다. 20만 원은 자사의 계열사로 다시 수익을 얻었기 때문이다. 이것은 국내 대기업들이 다양한 산업 분야에 진출하면서 얻어낸 소비시장이며 중소기업은 얻을 수 없는 혜택이다.

만약 내가 CJ 회장에게 우리 회사도 CJ 직원 혜택을 달라고 요청해서 그 계약이 성사가 됐다고 가정해보자. 그리고 우리 회사 직원도 20만 원을 지출했다고 하자. 나는 여기서 어떤 혜택을 얻었는가? 없다. 나에겐 100만 원의 월급을 지출을 했을 뿐이고 CJ는 나에게서 직원당 20만 원의 혜택을 얻었을 뿐이다. 이런 것을 고민해보았을 때 암웨이는 나에게 대기업이 가지고 있는 복지혜택을 줄 수 있는 아주 멋진 방법이다. 직원이 암웨이에서 구매한 10만 원은 암웨이가 나에게 'PV'라는 포인트로 적립해주고 일정한 포인트가 쌓이면 현금으로 환불해주는 시스템이다. 그리고 한 명의 직원이 아니라 모든 직원의 소비가 나에게 포인트로 환급이 되며 직원들 역시 회사가 성장할수록 새롭게 들어오는 후임들의 소비가 자신의 소비와 합산되어 자신의 소비 중 일정 금액을 암웨이에서 현금으로 환급받을 수 있다. 이 시스템은 나에게 있어 복지비용에 대한 ROI를 예측 가능하게 만들어주었고, 더 나아가 직원들도 추가 수입을 얻을 수 있는 수단이 되었다.

하지만 내가 암웨이를 사업의 수단으로 활용할 것이라고 이야기했을 때도 내가 가상현실 사업을 했을 때와 똑같이 환영받지 못했다. 그런 건 다 사기라고 말하는 친구도 있었고 체면이 상할 거라고 말하는 사람도 있었다. 그렇게 말하는 사람들 중에 실제로 직접판매 사업을 제대로 해보았거나 전문가라고 말할 수 있는 사람은 없었다. 그냥 누구에게 들은 것이 전부이거나 중도에 포기한 사람들이었다.

　이 책을 읽고 있는 여러분 중에서 직접판매라는 사업을 해본 사람이 있을 것이다. 나는 얼마나 오랫동안, 본질을 알고 사업을 했는지 묻고 싶다. 사업이란 걸 한다면서 몇 개월 해보고 수익이 나지 않는다고 그만뒀다고 하면 사업가로 살고 있는 많은 사람들의 비웃음을 살 것이다. 내가 암웨이 사업을 알아보고 진행하면서 깨달은 사실은 암웨이도 사업이기 때문에 꾸준한 학습과 남다른 노력과 대가의 지불이 없이는 그 어떤 성공도 주어지지 않는다는 것이다. 그렇기 때문에 나는 더욱 더 이 사업에 대한 확신을 가질 수 있었다. 그냥 쉽게 돈을 버는 일 정도라면 그냥 지나가는 길에 편의점에서 로또 복권을 사라.

　언젠가 나는 자금과 경험을 손에 쥐고 청춘들을 기다리고 있을 것이다. 나를 찾아주는 청춘들을 반갑게 맞이하겠지만 그들 모두에게 투자하지는 않겠다. 당장 아이디어가 없더라도 플랫폼을 이용해 사람과 사람을 연결시켜본 경험이 있는 사람, 기존의 시스템을 이용해 사업가로서의 자신을 증명한 사람에게 자금을 투자하고 경험을 나눌 것이다. 꿈이 있고 그것을 실행할 기업가 정신이 있다면 나는 그의 파트너가 되고 싶다. 파트너가 되어서 그의 성공을 돕고 싶다. 그것이 나의 성공이다.

완벽한 순간은
없다

지금까지 남들이 보기에 황당한 선택을 하면서 살아왔다. 가장 최근의 황당한 선택은 페이스북에서 나와 볼레 크리에이티브를 창업한 것이다. 가상현실, 인공지능을 연결해 외로움을 해결하겠다고 지금까지 없었던 연애게임을 개발하고 있는 중이다.

될 거라고 말하는 사람도 없지만 안 될 거라고 말하는 사람도 없다. 항상 또라이 같은 말을 하고 또라이 같은 선택을 했는데 결과는 성공적이었다. 그러니 지켜보자는 입장인 것 같다. 성공하면 '역시 쟤는 달라.'라고 할 것이고 실패하면 '그럴 줄 알았다.'라고 할 것이다. 남의 인생을 지켜보면서 평론하는 것이 그들의 안전지대이니까.

안전지대를 추구하는 성향이 기성세대에게서 비롯되었다고 말했지만 좀 더 근본적으로 들어가면 안전 지향은 인간의 본성이다. 인간의 뇌는 배가 부르고 위험한 동물을 피할 집만 있으면 만족하던 10만 년 전과 별로 달라진 것이 없다고 한다. 변화된 것은 상황이다. 안전지대를 추구하는 성향 위주로는 살 수 없는 세상이 된 것이다. 그러니 끊임없이 자신을 깨우지 않으면 안 된다.

많은 청춘들이 지금 당장의 상황이 너무 급하다면서 도전을 미루고 직장이라는 허구의 안전지대를 갈망하고 있다. 많은 직장인들이 자신의 자리를 그나마 안전한 곳이라고 착각하면서 버티고 있다. 직장생활을 오래 하면 사업을 할 수 있는 혜안이 생기지 않을까? 그때는 사업자금도 좀 모일 거고 지금보다 똑똑해지고 인맥도 많아지지 않을까? 이렇게 미루고 미루던 사람들 대부분이 40대, 50대에 영세 자영업자가 되고 있다.

안타깝지만 도전을 하기에 완벽한 순간은 영원히 오지 않는다. 완벽한 순간을 기다리던 많은 사람들이 벼랑 끝에서 마지못해 도전 같지도 않은 도전을 한다. 완벽한 순간은 없다. 그 순간을 완벽하게 만드는 노력과 전략이 있을 뿐이다. 따라서 완벽한 선택도 없다.

성공까지는 아직 멀었지만 성공적인 궤적을 그릴 수 있었던 것은 황당한 선택을 기막힌 선택으로 완성시키려는 노력 덕분이라고 생각한다. 기회가 왔을 때 선택한 것도 주효했지만 선택을 하고 나서 결과를 만들어냈으니까 완벽한 순간으로 완성된 것이다. 그러니 도전할 만한 여건이 안 된다고 주저앉는 건 어리석은 행동이다. 마치 끼워 맞춘 듯 그때는 모두 위기의 순간이었다.

꿈을 꾸기에 녹록치 않은 상황이라는 건 안다. 그런데 꿈을 꾸지 않으면 방법이 없다. 무엇보다 자신의 인생을 참고 버티는 시간으로 채워서는 안 된다는 것이다. 금요일을 기다리고 일요일 저녁이 괴로운 인생을 살아서는 안 된다는 것이다.

우리는 내일이 기대되는 삶을 살아야 한다. 하루하루 내 꿈의 영토가 넓어지는 삶을 살아야 한다. 꿈은 한 번의 도전으로 완성되지 않는다. 한 번의 실패로 꿈이 부서지지도 않는다. 실패해서 부서지는 게 아니라 포기하기 때문에 부서지는 것이다. 쫄지 말고 주눅 들지 말고 꿈을 꾸고 다른 사람들과 함께 그 꿈을 꾸어라. 꿈꾸기를 포기하지 않는 한 언젠가는 현실이 된다.

꿈을 위해
오늘 시작할 수 있는 일

사회가 인정하는 업적을 남긴 사람들의 조언, 이른바 성공한 사람들이 쓴 책을 읽으면 종종 공허감이 느껴진다. 열정을 가져라, 노력하라, 열심히 하라, 생각을 바꿔라 등등의 메시지는 그 사람의 인생 스토리와 함께 들을 때는 감동을 준다. 나도 할 수 있을 것 같은 생각이 들기도 한다. 하지만 막상 내 인생에 적용해보려고 하면 어디서 시작해야 할지 막막한 경우가 많다. 글쓴이가 열심히 노력했고 기회를 잘 잡은 것도 알겠는데 나와는 상황이 너무 다르다. 때로는 그렇게 해서 성공한 것인지, 성공하고 난 다음에 말을 만들어내는 것인지 의심스러운 때도 있다.

'그래서 뭘 어떻게 하라는 것이냐?'

사실 열정이든, 노력이든, 생각의 변화든 구체적인 내용이 없으면 구호에 불과하다. 우리는 열정으로 페이스북을 만들 수 없다. 발상의 전환으로 구글을 만들 수도 없다. 그들의 업적을 따라 해서 성공할 확률은 제로에 가깝다. 페이팔PayPal 창업자 중 한 명이었던 피터 틸Peter Thiel이 쓴《제로 투 원Zero to One》이라는 책의 메시지도 누군가를 따라 하지 말고 독보적인 입장이 될 수 있는 아이디어를 만들어내라는 것이다. 페이스북보다, 삼성보다, 구글보다 돈이 많아도 그들과의 경쟁에서 이기기 어렵다. 그들의 능력과 노력이 성공의 모든 이유는 아니다. 사회적 환경, 시대의 흐름을 빼놓고는 그들의 성공을 이야기할 수 없기 때문이다. 그래서 따라 한다고 그 성공을 똑같이 만들어낼 수 있는 것은 아니다.

그러면 그들의 강연을 들으면서 부러워만 해야 하는가? 그들에게 감정이입을 하면서 대리만족만 해야 하는가? 그러면서 그들이 가졌던 수단이 내게 없음을 안타까워해야만 하는가? 차이를 만들어낸 그들의 수단을 가질 방법은 없는 것인가? 그들과 똑같이 할 수는 없지만 많은 이들이 성공을 만들어내는 데 사용한 방법을 활용할 수 있다.

최근 나는 암웨이 사업을 진행하면서 '텐 코어10 Core'라는 성공 프로그램을 배워서 실천하고 있다. 처음 텐 코어라는 것을 들었을 때 사업을 성공적으로 키워나가는 방법이 있다는 사실에 굉장히 놀랐다. 이 텐 코어는 그것을 실천했던 수많은 사람들에게 실질적인 내면적 성장과 재정적, 시간적 여유를 가질 수 있는 기회를 제공했다.

나의 가상현실 사업을 해나가면서도 이것이 큰 도움이 되고 있기에, 사

업의 수단을 찾은 사람들이라면 쉽게 따라 해볼 수 있도록 정리해서 소개한
다. 큰 변화 이야기가 아니다. 내용 없는 구호가 아니다. 오늘부터 바로 실천
할 수 있는 구체적인 행동들이다. 쉬운 것부터 시작해보자.

1

시간의 질과 양을
확보하라

건강은 삶의 질과 직결된다. 건강하다고 삶의 질이 좋아지는 것은 아니지만 삶의 질을 높이려면 건강은 필수다. 건강은 건강할 때 지키는 거라고 하고 운동은 건강을 지키는 좋은 처방이다.

그러나 청춘들에게 건강을 위해 운동을 하라는 말은 그다지 설득력이 없다. 아직은 어지간히 혹사를 해도 탈이 나지 않는 몸이다. 운동신경도 살아 있고 몸이 무겁다는 느낌이 뭔지도 모른다. 하룻밤을 꼴딱 새더라도 푹 자고 일어나면 금방 회복된다. 이미 배가 부른데 더 먹으라고 하는 것처럼 생각할지도 모르겠다. 건강을 위한 운동은 이미 체력적 열세를 느끼는 중년 이후의 사람들이 크게 고개를 끄덕이는 명제다.

건강은 삶을 구성하는 시간의 양과 질을 결정한다. 건강하지 못하면 오래 살지 못하니까 절대적인 시간의 양이 장수하는 사람보다 적다. 오래 살더라도 병약한 몸이라면 활동하는 시간보다 쉬는 시간을 더 많이 가져야 한다.

나는 여러분이 어떤 꿈을 꾸는지 모른다. 하지만 무엇이 됐든 그 꿈을 더 높고 광대하게 실천하려면 양질의 시간을 많이 확보해야 한다. 시간을 알뜰하게 쓰기 위해 꼼꼼한 계획을 세워봐야 건강이 따라주지 않으면 소용없는 일이다. 잠자고 먹는 시간을 빼야 하듯이 아픈 시간, 골골한 시간, 피곤한 시간, 짜증나는 시간을 빼야 하기 때문이다.

여기까지가 몸 전체의 건강을 위한 운동이라면 지금부터는 뇌를 위한 운동에 대해 설명하겠다. 지금은 그렇지 않은 것 같지만 축구 국가대표들의 경기에서 후반 30분쯤 되면 꼭 해설가의 입에서 '정신력'이라는 말이 튀어나왔다. 체력은 이미 고갈되었으니 지금부터는 정신력으로 뛰어야 한다는 거였다. 물론 정신력으로 몇 걸음 더 뛸 수는 있다. 그러나 그래봐야 몇 걸음이다. 그런 반면 상대팀은 아직 체력이 남아 있다. 그만큼 정신력도 강하다. 2002년 월드컵 대표팀은 후반이 되어도 지치지 않았다. 굳이 억지 정신력을 요구할 필요가 없었다.

우리는 몸과 정신을 분리해서 생각하는 경향이 있다. 그런데 뇌도 몸의 일부다. 몸이 부실하면 뇌도 부실해지기 마련이다. 몸살이 걸리면 만사가 귀찮고 손가락 하나 까딱하기 싫어진다. 피로도 마찬가지다. 만성피로에 시달리는 사람에게는 꿈을 향해 나아가라고 말하지 못한다. 좀 쉬라고 말할 수 있을 뿐이다. 심지어 피곤하면 사랑도 못한다. 사랑은 국경을 초월하고 모든 것을 이긴다는 말은 거짓말이다. 영화에서나 가능한 이야기이고 아주 특별한 경우일 뿐이다. 대부분의 경우 피곤한 남녀의 데이트는 싸움으로 끝난다. 남녀 모두 만성피로라면 헤어질 날을 받아놓은 것이나 다름없다. 최소한 한 사람은 쌩쌩해야 피곤함에서 오는 짜증을 받아낼 수 있다.

워싱턴대학교 의과대학의 존 J. 메디나 박사는 《브레인 룰스Brain Rules》에서 "운동을 하는 사람들이 소파에서 뒹구는 사람들보다 장기기억, 추론, 주의력, 문제해결 능력 등이 뛰어나다."라고 말했다. 운동은 두뇌를 최적의 상태로 만들어준다. 그는 '운동을 한다고 해서 더 똑똑해지지는 않는다, 그저 정상으로 돌아올 뿐'이라고 말한다. 운동을 하지 않으면 두뇌가 정상적으로 작동하지 않는다는 것이다.

규칙적인 운동은 몸과 정신을 최상의 상태로 만든다. 걷는 것만으로도 막혀 있던 생각의 활로가 뚫릴 수 있다. 얼굴에 생기가 돌고 좋은 몸매를 유지할 수 있게 한다. 이제는 건강하고 몸매가 좋아야 CEO도 될 수 있다. 여러분이 직접 세운 기업의 사장이 되든 글로벌 기업의 CEO가 되든, 대한민국 방방곡곡을 누비든 세계 곳곳을 누비면서 사업을 하든 꿈을 실천하려면 반드시 꾸준히 운동을 해야 한다.

꿈을 꾸는 것까지는 누구나 할 수 있다. 그러나 실천은 다르다. 꿈을 포기하지 않고 하나하나 실행해 나가려면 양질의 시간과 '정상 상태의 뇌'가 있어야 한다. 질 좋은 연료로 힘차게 달리는 스포츠카처럼 여러분의 꿈에 질 좋은 시간과 두뇌를 투입한다면 무럭무럭 자라는 꿈을 발견할 수 있을 것이다.

나도 출장이 겹치지 않는 한 매주 3일 정도는 아침에 30분씩 운동을 하고 있다. 운동을 한 날이면 그날 하루가 가볍고 몸에 생기가 돈다. 일을 조금 더 능동적으로 그리고 적극적으로 할 수 있는 에너지가 나온다. 처음 시작할 때는 몸도 찌뿌드드하고 삭신이 쑤시고 더 피곤하다고 느꼈지만 습관화시키고 나서는 몸의 상태가 많이 달라졌다. 어렵지 않다. 하루에 고작 45분이다. 45분이면 된다.

2

거인의 어깨 위에서
보라

매일 30분씩 책읽기

또 다시 독서를 강조한다. 스마트폰의 등장 이후, 지하철이나 버스에서 책 읽는 사람을 찾아보기가 어렵다. 대부분은 스마트폰으로 게임을 하거나 검색어 상위에 올라온 흥미 위주의 뉴스를 본다. 이동 중에 게임이나 뉴스 검색을 하는 것이 평균적인 사람들의 행동이라고 하자. 평균적인 행동을 하면 평균적인 결과가 나온다. 뭔가 다른 결과를 만들어내려면 뭔가 다른 행동을 해야 한다.

진흥원 시절, 장시간의 출퇴근 거리는 나에게 축복이었다. 의식적으로 노력한 측면도 있지만 어쨌든 그 시간은 '강제적으로' 책을 읽는 시간이었다. 압도적인 두께의 책이 아니면 일주일에 서너 권을 읽을 수 있었다. 사람들은 너무 바빠서 책을 읽을 시간이 없다고 한다. 여유로운 시간, 커피 한 잔, 안락한 소파가 있어야 책을 읽을 수 있다는 것인데 실제로 독서는 그렇게 한가로운 활동이 아니다. 굳이 비유를 하자면 전쟁에 가까운 것 같기도 하다.

책에서 만나는 새로운 생각을 내 머리에 넣으려면 이미 갖고 있던 생각을 물리쳐야 한다. 새로운 지식을 입력시키려면 기존의 지식체계를 허물거나 흔들어야 한다. 세밀하게 들여다보면 뇌세포가 바뀌는 과정이다.

또한 독서는 즐거운 활동이라고 말하는 사람이 많은데 그렇지 않은 경우가 더 많다. 물론 하하호호 웃으면서 읽을 수 있는 책도 있고 몇 문장 읽지 않아서 쑥 빨려 들어가는 소설도 있지만 아득바득 읽어내야 하는 책도 많다. 한 문장, 한 문장 가파른 산을 오르듯이 읽어야 그 의미를 이해할 수 있는 것이다. 그래서 '취미는 독서예요.'라는 말은 헛소리에 가깝다. 독서는 영화, 게임, 뉴스, 드라마와 달리 일정 부분 고통을 수반하는 활동이다.

이 책을 쓰면서 까마득한 어린 시절의 기억까지 불러냈다. 그 일들이 내게 어떤 영향을 미쳤는지 다시 생각했다. 청춘들에게 해주려는 말이 합당한지 다시 점검했다. 내가 살아온 날들의 알맹이를 담기 위해 노력했다. 대부분의 책이 이와 같은 과정을 거쳐서 나온다. 한 사람의 인생과 지식을 통째로 배울 수 있는 길이 독서다. 그래서 책에는 단순히 지식을 넘어서는 차원의 뭔가가 있을 수밖에 없다.

뉴턴은 "내가 다른 사람보다 조금이라도 멀리 내다볼 수 있었다면 그것은 나에게 거인들의 어깨가 있었기 때문이다."라고 했다. 뉴턴의 거인은 그때까지 과학지식을 축적해온 인류 전체일 것이다. 우리는 뉴턴보다 더 키가 크고 더 많은 거인들을 가졌다. 그 어깨에 올라서지 않을 이유가 어디에 있겠는가.

물론 단번에 거인의 어깨 위에 올라설 수는 없다. 한 권의 책으로 거인의 어깨에 오를 수 있는 것도 아니다. 밑등부터 시작해야 한다. 한 작가의 작품 세계를 이해하려면 그의 작품을 다 읽어야 하듯이 한 분야에 대한 식견을 가지려면 최소한 몇 권의 책을 읽어야 한다. 가상현실을 알고 싶다면서 한 사람의 책 한 권 달랑 읽으면 다 알 거라고 기대하는 건 날로 먹으려는 심보다. 저자들은 자기가 할 수 있는 한 최선을 다해 핵심을 담으려고 하지만 그도 한 인간이고 시각의 한계는 있다. 그러므로 여러 사람의 여러 시각을 섭렵해야 한다. 그래야 탄탄한 기반의 어깨를 만들 수 있다. 그렇지 않으면 장대 위에 매달려 있는 것처럼 위태롭다.

일단 도서관이나 서점으로 달려가라. 한 바퀴만 돌면 읽고 싶은 책, 읽어야 할 책이 아주 많아질 것이다. 지금 여러분은 닥치는 대로 마구 읽어야 하는 시기다. 아주 좋은 책을 고르느라 주저하는 것보다 많이 읽는 와중에 인생을 바꿔줄 책을 만나기를 기대하는 편이 합리적이다.

사업을 하는 사람이라면 최소한 두 가지의 책은 개인적으로 추천하고 싶다. 페이팔의 창업자 피터 틸이 쓴 《제로 투 원》과 일본에서 경영의 신이라 불리는 이나모리 가즈오稲盛 和夫가 쓴 《바위를 들어올려라》다. 이들은 사업을 할 때 필요한 아이디어와 성공하는 회사를 키우기 위한 사장의 철학과 마음가짐을 이야기한다. 그들은 어떠한 아이디어를 고민하고 있으며 어떤 철학을 가지고 어려운 난관들을 이겨냈는지를 서술했다. 사업을 하는 사람이라면 한 번쯤은 꼭 읽어보았으면 하는 책들이다.

　빌 게이츠, 마크 저커버그, 미래에셋의 박현주 회장 등등 누구보다 바쁠 것 같은 사람들이 '한가하게' 인문학 책을 읽고 있다. 여러분은 그들보다 지식이 더 많은가? 그렇지도 않으면서 무슨 배짱으로 그들보다 책을 덜 읽는가?

3

마찰력보다
강한 힘을 얻어라 매일 좋은 강의 또는 메시지 듣기

평소에 이동하는 차 안에서도 혼자 시간이 날 때면 다양한 분야 전문가들의 강의를 듣거나 글을 읽으며 새로운 지식을 습득하기도 하고 내 사업에 대한 영감을 얻기도 한다. 그들의 꿈을 들으면서 내 꿈이 더 반짝이는 경험도 한다. 걸레질을 하지 않으면 먼지가 쌓이는 것처럼 꿈도 계속 꺼내서 만져주지 않으면 금방 퇴색된다. 사랑에 빠지는 것보다 유지하고 깊이를 더하는 것이 더 어렵듯, 꿈을 꾸는 것보다 그 꿈을 유지하고 발전시켜 나가는 것이 더 어렵다.

움직이는 모든 것은 늘 다른 무엇과 마찰한다. 공중을 날아가는 비행기는 공기와 마찰하고 달리는 자동차는 지면과 공기와 마찰한다. 중력과 마찰력의 영향을 받는 움직이는 모든 물체는 새로운 에너지를 투입하지 않으면 멈춘다.

청춘 여러분이 꿈을 꾸고 그것을 실행하려고 하면 극심한 마찰에 부딪힐 것이다. 최초의 마찰은 자기 내부에서 일어난다.

'내가 할 수 있을까? 너무 힘들지는 않을까? 결국 실패하고 비웃음만 사지는 않을까? 오늘은 피곤하니까 내일부터 할까? 뭔가 좀 더 편안한 삶은 없을까? 지금 내 상황에서 이런 도전을 하는 게 맞는 일일까?'

습관과의 마찰, 내 속의 낡은 가치와의 마찰이 일어난다. 그리고 내가 겪었던 것처럼 여러분의 선택이 환영받지 못하는 경험, 타인과의 마찰을 겪을 것이다. 우리 사회는 아직까지 낡은 가치가 점령한 곳이다. 꿈을 꾸는 사람들은 마치 게릴라처럼 소규모이고 눈이 잘 보이지 않는다. 그러므로 여러분이 꾸는 꿈이 반대보다는 찬성을 더 많이 만나게 된다면 주의가 필요하다. 그것이 낡은 가치의 연장선에 있는 꿈은 아닌지 되돌아봐야 한다.

마찰은 피할 수 없다. 그러니까 늘 새로운 에너지를 투입해야 한다. 그렇게 하지 않으면 추락하는 비행기처럼, 비탈길의 자동차처럼 원래 상태로 돌아가게 된다. 스스로 동기부여를 하면서 에너지를 만들어낼 수 있다면 정말 최고의 조건이다. 그러나 이런 조건을 가진 사람은 소수에 불과하다. 그래서 우리 같은 보통 사람들은 에너지를 줄 수 있는 뭔가를 외부에서 찾아야 한다. 그것으로 내부의 무엇을 자극해야 한다.

요즘은 영감과 에너지를 주는 MP3, CD, DVD 등의 매체가 많다. 인터넷에 접속하기만 해도 얼마든지 찾을 수 있다. 매일 보고 듣는다면 그들의 생각과 경험을 접함으로써 지식과 에너지를 채울 수 있다. 왜 그런지는 모르지만 목소리와 영상에서는 책과는 다른 에너지가 나오는 것 같다. 중요한 것은 '매일'이다. 쉬지 않고 연료를 공급해야 엔진이 멈추지 않는 것처럼 늘 자극을 쥐야 에너지 넘치는 상태를 유지할 수 있다.

　　인간은 이성적이지 않다. 이성적 동물이라고 하지만 그건 다른 동물들과 비교하니까 그렇지 실제로 인간은 동물과 다른 점보다 같은 점이 더 많다. 기본적인 욕구가 해결되면 편해지고 싶은 게 사람이다. 사냥에 성공해 실컷 먹은 사자가 그늘에서 잠을 자는 것처럼 말이다. 꿈을 이루려는 이유는 논리적이고 타당하다. 공공의 이익을 위해서도 좋은 일이다. 하지만 인간은 이성적인 이유만으로 움직이지 않는다. 감성적인 움직임이 있어야 한다. 그것은 불시에, 너무 쉽게 움직임을 멈추고 싸늘하게 식는다. 뜨거운 상태를 유지하려면 쉼 없이 연료를 투입해야 하는 것이다.

　　좋아하는 사람을 억지로 싫어하는 건 어렵다. 싫어하는 사람을 억지로 좋아하기도 어렵다. 우리는 우리의 감정을 마음대로 조절할 수 없다. 감정 그 자체를 조절할 수는 없지만 감정을 강하게 하거나 약하게 하는 전략적 행동은 선택할 수 있다. 꿈을 향한 감성적 움직임을 억지로 만들어낼 수는 있지만 그것에 자극을 주는 행동은 선택할 수 있다.

　　영상을 보고 말을 듣는 건 어려운 일이 아니다. 아침에 일어나서, 이동 중, 잠자리에 누워서 들어도 좋다. 30분 정도면 된다. 이런 행동을 선택하기란 참 쉬운 일이다.

4

꿈꾸는 사람들을 만나라

주 1회 성장에 도움이 되는 미팅/강연회 참석하기

지난 일주일을 되돌아보라. 기억력이 좋다면 한두 달 이전도 좋다. 새로운 장소에 가본 적이 있는가? 새로운 사람을 만난 적이 있는가? 자신에게 긍정적인 자극을 주는 장소에 가보거나 그런 사람을 만난 적이 있느냐고 묻는 것이다.

직장인은 매일 같은 노선을 타고 출근한다. 매일 보는 사람들과 매일 비슷한 일을 한다. 퇴근 후에는 같은 노선으로 집에 오거나 같이 일하던 사람들과 회식이란 걸 한다. 간혹 친구를 만나면 홍대, 종로, 강남역, 이태원 등 자주 보던 장소에서 만나 비슷한 주제의 대화를 한다.

학생도 비슷하다. 버스 혹은 지하철을 타고 가서 수업을 듣고 알바를 가거나 과 친구든 동아리 친구든 매일 만나는 사람들과 만난다. 취준생이 되면 만나는 사람과 만나는 횟수가 대폭 줄어들지만 변화가 없기는 마찬가지다. 물론 매일 다른 노선으로 다닐 수 없다. 매일 다른 사람을 만날 수도 없다. 그러나 그 장소와 사람들이 자신에게 어떤 자극도 주지 못한다면 새로운 장소와 새로운 사람을 추가해야 한다.

손쉬운 방법은 강연회에 찾아가는 것이다. 인터넷으로도 얼마든지 강연 동영상을 볼 수 있지만 직접 가서 들으면 자극의 강도가 다르다. 또 현장에서 질문을 함으로써 평소 해결하지 못했던 문제에 대한 해답을 구할 수도 있다. 조언을 듣겠다는 사람에게 차갑게 대하는 강연자는 극히 드물다. 강연자들은 자신이 아는 뭔가를 알려주고 싶어서 안달이 난 사람들이다. 만약 차갑게 대하는 사람이 있다면 그에게 배울 점은 별로 없으니 안심해도 된다.

강연자, 청중들과 네트워크를 쌓을 기회가 생길 수도 있다. 이런 기회를 통해 자신이 생각하는 아이디어에 대한 조언을 들을 수도 있고 꿈의 동반자를 만날 수도 있다. 직장 동료들끼리 상사에 대한 험담을 하는 시간에, 취준생들끼리 좌절을 주고받는 시간에, 학생들끼리 미래의 불안을 상호 증폭시키는 시간에 강연회에 가면 자기 꿈을 이루기 위해 눈을 빤짝거리고 있는 사람들을 만나게 된다. 중요한 건 현장의 분위기와 에너지를 직접 경험하는 것이다.

5

내가 믿고 사랑하는 것만
전달된다

자신의 사업 아이템을 아끼고 사랑하기

        사업의 즐거움과 진정성은 자신이 믿고 사랑하는 것에서 나온다. 자신이 믿고 사랑하는 것은 대부분 자신의 경험 속에서 나오기 때문에 새로운 경험과 자극에 스스로를 노출시키는 것이 중요하다. 누군가에게 자신의 아이디어와 신념을 올바르게 전달하기 위해서는 자신이 먼저 그 아이디어와 신념에 대한 굳은 믿음이 있어야 한다.

    사람들은 보통 아이디어 자체에도 호감을 가질 수 있지만 그 아이디어를 전달하는 이의 태도에서 더 감동을 받는 경우가 많다. 스스로도 자신이 없고 경험도 해보지 않았는데 자신이 하는 말을 상대방이 믿어줄까? 경험에서 나오는 말은 그 자체가 엄청난 신뢰성을 가지며 상대방을 압도한다. 그렇기 때문에 '내가 해봐서 아는데……'라는 표현은 사람들의 귀를 사로잡는다.

    대부분의 구전 마케팅은 자신의 경험을 전달하는 것이다. 만약 내가 오늘 자동차를 한 대 구매하고자 한다고 가정해보자. 여러 차종을 검토한 결과 특정 브랜드에서 나온 차가 내 마음을 사로잡았다. 그럼 그 다음은 무엇을 할까? 바로 주변에 이 차를 소유한 사람들의 사용자 경험을 찾아보려고 할 것이다. 그것이 지인이 되었든 인터넷에서 찾은 누군가의 시승기든 해당 차에 대한 실제 경험은 구매결정에 더욱 많이 반영될 것이다.

'파워블로거power blogger'라는 직업이 생긴 이유도 같다. 자신이 직접 체험해본 것을 자신의 블로그에 일목요연하게 정리한다. 그리고 많은 사람들이 자신의 글을 읽으러 방문하고 그 내용에 대해 신뢰하게 되면 파워블로거라는 호칭을 받게 된다. 이 파워블로거들이 제품 구매에 끼치는 영향은 엄청나다. 중국과 같은 경우에는 파워블로거의 구전 마케팅이 차지하는 시장규모만 1,000억 위안(한화 약 176조원)이라고 분석될 만큼 실제 경험을 통한 마케팅은 현재 가장 뜨거운 경제 키워드로 떠오른 상태다.

사업을 하기 위해 뛰어든 사람이라면 최소한 내가 진행하는 사업 아이템이 무엇인지 정말 잘 알고 그 아이템을 아끼고 사랑해야 한다. 그래야 상대방도 관심을 기울이고 해당 아이템을 구매하고자 하는 욕구가 생긴다.

만약 누군가가 당신에게 써보지도 않고 사랑하지도 않는 제품을 스펙만 나열하고 가격의 당위성만 이야기하며 팔려고 한다면 당신은 그 물건에 대한 구매욕구가 나겠는가? 대부분의 보험설계사와 자동차 세일즈맨이 그렇듯이 자신의 아이템을 제대로 체험해보지도 못하고 스펙만 외워서 전달하는 것에 귀를 기울이는 시대는 지났다.

　내 사업 아이템이 정해졌다면 그 아이템을 철저하게 검증해보고 그 아이템에 팬Fan이 되자. 그리고 그 아이템을 진정성 있게 전달해보자. 그럼 그 아이템에 대한 팬이 또 생기고 그 아이템은 성공가도를 달릴 것이다.

6

꿈의 동반자를
만나라

　　　　　세상에 만능인 사람은 없다. 만능인 사람이 있더라도 그의 시간 역시 하루 24시간을 넘지 못한다. 1인 기업으로 시작하는 경우도 많지만 스타트업 때의 이야기지 사업이 커지면, 커지려면 사람을 찾아야 한다. 사업가는 적재적소에 자금과 사람을 투입해 부가가치를 창출해내는 사람이다. 이런 사실을 잘 이해하고 있는 사업가는 인재 영입과 양성을 위한 노력을 게을리하지 않는다.

　　기업은 사람을 모으고 조직을 이루어 일을 해낸다. 그런데 좋은 인재를 모으는 일은 쉽지 않다. 인재 과잉의 시대에도 인사 담당자들은 인재 구하기가 어렵다는 하소연을 한다. 여기서 좋은 인재란 능력만이 아니라 인성까지도 포함하는 개념이다. 능력이 출중하더라도 인성이 나쁘면 함께 사업을 하면 안 된다. 출중한 능력은 인성의 뒷받침이 없으면 결국에는 악재가 될 것이기 때문이다.

지금 여러분 주위에 있는 친구, 선배, 후배들을 떠올려보라. 여러분을 성장시키고 함께 꿈을 이뤄갈 만한 사람이 있는가? 인간성 좋고 같이 놀기에 좋은 사람과 착각해서는 안 된다. 같이 사업을 할 사람이다. 친구로 좋은 사람과 파트너로 좋은 사람은 같지 않다. 친구도 되고 파트너도 되는 사람도 있겠지만 이 둘을 혼동해서는 안 된다.

지금까지 꿈을 향한 삶을 살아오지 않았다면, 취업만을 목표로 살아왔다면 주위에 사업의 파트너가 될 만한 사람이 없을 가능성이 높다. 주위 사람 역시 낡은 가치에 따라 정체되어 있는 고속도로에 있었을 것이기 때문이다.

주위에 파트너가 될 만한 사람이 없다고 실망할 일은 아니다. 물고기가 있는 곳에서 낚시를 해야 하듯, 꿈을 꾸고 있는 사람들 사이에 있어야 파트너도 찾을 수 있다. 그 사람들이 어디에 있을지는 여러분이 어떤 꿈을 꾸느냐에 달렸다. 같은 꿈을 꾸는 사람들은 어디에 있을까? 여러분이 꿈을 꾸게 만들 수 있는 사람들은 어디에 있을까? 여러분이 꿈을 실행할 때 필요한 능력을 가진 사람들은 어디에 있을까? 궁리해보고 찾아가보라. 찾아서 그의 꿈을 묻고 함께 성장하라.

간과하지 말아야 할 것은 여러분이 파트너로서 매력적이어야 한다는 것이다. 여러분이 파트너를 찾고 있듯이, 그들 입장에서는 여러분이 파트너다. 그들이 생각할 때, 여러분이 꾸는 꿈이 충분히 매력적이어야 동참할 것이다. 그리고 그들에게 '저 사람과 함께라면 성공할 수 있겠다'는 희망을 줄 수 있어야 한다. 사람을 이용하려 해서는 안 된다. 그의 성공이 나의 성공이어야 하고 나의 성공이 그의 성공이어야 한다. 그것이 파트너다.

파트너를 구하려면 자기를 잘 알아야 한다. 자신에게 무엇이 부족한지를 알아야 그것을 보완해줄 사람을 찾을 수 있다. 내 약점이 무엇인지 알아야 그 부분을 강점으로 갖고 있는 사람을 만날 수 있다. 기획력은 있으나 실행력이 부족하다면 돈키호테 같은 사람을 만나야 할 것이고, 추진력은 좋지만 사후 처리에 미숙함이 있다면 꼼꼼한 사람을 찾아야 한다.

다시 한 번 강조하자면, 친구를 찾는 게 아니다. 매사 마음이 잘 맞는 사람을 찾는 것도 아니고 착한 사람을 찾는 것도 아니다. 서로에게 자극을 주면서 함께 성장해나갈 사람을 찾는 것이다. 서두르지 말고 천천히, 지속적으로 찾아보면, 여러분이 꾸는 꿈을 알려나가면 성공의 길을 함께 걸어나갈 꿈의 동반자를 찾을 수 있다.

7

사업가의 초석을
다져라

고객 만들기

내년이 될 수도 있고 10년 후가 될 수도 있다. 여러분은 스티브 잡스처럼 무대에 서서 투자자들을 상대로 프레젠테이션을 하게 될 것이다. 사업의 필요성과 사람들의 생활에 미칠 영향을 설득시키고 사업으로서 어떤 가치를 생산할지 설명할 것이다. 그들을 같은 꿈을 꾸는 사람으로 만들 무대에 설 것이라는 말이다. 여기서 무대는 비유다. 그 자리는 회사일 수도 있고 국회의원의 사무실일 수도 있고 정부기관의 회의실일 수도 있다. 어쩌면 직접 그 서비스나 상품을 사용할 대중일 수도 있다. 그럴 때 이미 준비되어 있는 사람과 아닌 사람의 차이는 크다. 준비된 사람은 다가온 기회를 십분 활용할 것이고 아닌 사람은 허둥대다가 일생일대의 기회를 놓쳐버릴 것이다.

사업을 한다는 것은 상품이든 서비스든 자신이 제공하고자 하는 것에 대한 소비자를 늘리는 일이다. 소비자를 늘린다는 것은 많은 사람에게 판다는 것이고 그것은 훈련을 필요로 한다. 같은 가게의 같은 상품이라도 어떤 판매원은 잘 팔고 어떤 판매원은 번번이 손님을 놓친다. 기본적으로 상품이 좋아야겠지만 그것을 파는 능력도 무시할 수 없다. 그 훈련을 지금부터 해보라는 것이다.

사람은 알게 모르게 마음에 드는 이성에게 자신의 매력을 어필한다. 여러 측면 중 마음에 드는 자신의 모습을 상대방이 같이 마음에 들어해주기를 바란다. 그것은 근육일 수도 있고 얼굴일 수도 있고 머릿결일 수도 있고 지식이나 돈일 수도 있다. 예를 들어 어떤 여성에게 지적 능력을 어필하고 싶다고 하자. 그러면 그 여성이 뭔가를 궁금해 할 때 해박한 지식을 친절한 설명에 실어 보낸다. '어때요? 저 꽤 멋지죠?'라는 메시지를 보내는 것이다.

상대가 '정말 멋지네요.'라고 동의하면 연애가 시작될 가능성이 높다. 그러나 아닐 수도 있다. 어쩌면 잘난 척한다고 여길 수도 있다. 이후의 대처는 두 가지다. 지적 능력에 감탄하는 다른 여성을 찾아다니거나 지금 앞에 있는 상대가 매력을 느낄 만한 다른 무엇을 자신에게서 찾거나.

자기는 매력이라고 어필을 했는데 상대방이 시큰둥하면 솔직히 '쪽팔린다.' 그게 무서워서 가만히 있으면 아무 일도 일어나지 않는다. 상대방의 마음을 얻으려면 일단 쪽팔릴 각오를 해야 하는 것이다.

사업을 하는 것, 꿈을 꾸는 것도 마찬가지다. 사업계획만 하고 꿈을 꾸기만 하면 아무 일도 일어나지 않는다. 긴 시간 혼자 구상한 다음 완벽한 뭔가를 내놓겠다는 생각도 바람직하지 않다. 목표는 사람들을 놀라게 하는 게 아니라 사업을 하는 것이고 꿈을 실행하는 것이다. 나는 가상현실을 통한 외로움 해결이라는 사업을 정하고 많은 사람들을 만나고 다녔다. 그리고 그건 안될 거라는 이야기를 참 많이 들었다. 공동창업자들끼리 만났을 때도 서로의 아이디어에 대해 많은 반대를 했다.

사업에서 반대란 곧 아이디어다. 안 되는 데는 이유가 있고 그것을 고치면 더 좋은 상품, 더 좋은 서비스를 만들 수 있다. 여러분의 꿈도 마찬가지다. 듣는 사람마다 좋다며 엄지를 세우면 당장이라도 사업을 시작할 수 있다. 그러나 그럴 가능성은 낮다. 많은 반대를 만날 것이다. 누군가의 반대를 하지 말라는 뜻으로 받아들이면 꿈을 꿀 수 없다. 반대는 여러분의 아이디어를 좀 더 매력적으로 만들어보라는 피드백이다.

찬성하는 사람이 많으면 자기 사업에 확신이 생긴다. 반대하는 사람이 많으면 귀중한 피드백을 얻을 수 있다. 골방에서 꿈꾸지 말고 자기 꿈을 광장에 내어놓고 팔아보라. 이미 시중에 나와 있는 상품을 파는 경험을 해보라. 같은 상품, 같은 꿈이라도 말하는 방식을 달리해서 팔아볼 수 있다. 각각의 경우 사람들이 어떻게 반응하는지 보고 파는 방법을 개선시켜 나간다면 미래에 멋진 사업가가 되는 초석을 다지는 것이다.

8

멘토에게
밥을 사라 　　멘토로 삼을 만한 사람과 대화하기

　　　　　　　　　　어릴 때 우리의 멘토는 부모였다. 부모는 내가 모르는 거의 모든 것을 이미 알고 있었고 내가 낑낑거리며 해결하지 못하는 여러 문제들도 쉽게 해결한다. 부모로서는 무심코 한 '생활의 지혜'가 놀라움을 줄 때도 있었다. 부모는 우리가 성인이 되어서도 멘토가 되고 싶어하지만 전문 분야가 다르면 일에 관한 한 멘토가 되기 어렵다.

　　스스로 문제를 해결해나가는 것 자체가 재미인 게임과 달리 사업은 문제에 봉착해 앞으로 나아가지 못하면 경쟁력을 가질 수 없다. 그럴 때 해당 분야에 대한 전문지식과 풍부한 경험을 가진 멘토라면 어렵지 않게 해결책을 알려줄 것이다. 그것 자체로 엄청난 경쟁력을 가지게 된다. 멘토는 나의 부족한 부분을 채워주고 직접적으로 문제해결에 도움을 줄 수도 있다. 그러면 도무지 해결책이 보이지 않았던 문제가 쉽게 풀리고 그것을 배움으로써 성장할 수 있다.

누구나 한 사람쯤 멘토를 갖고 싶어한다. 어려운 일이 닥쳤을 때 도움을 요청할 수 있는 사람, 선택의 갈림길에서 고민할 때 그것을 해결해주는 사람, 방향을 잃고 헤맬 때 불을 밝혀줄 사람이 있었으면 한다. 내가 지식과 경험 부족으로 다음 결정을 내리는 데 어려움을 겪을 때 언제든지 찾아가 속내를 털어놓을 수 있는 사람이 있다면 참 좋을 것이다.

그러나 그런 멘토를 가졌다는 사람은 그리 많지 않다. 여러분보다 조금 나이가 많은 선배는 자기 앞가림하기에 바쁘다. 나이가 좀 더 많은 사람은 만나기도 어려울뿐더러 꼰대이거나 한심하다. 책에서 본, 인품이 훌륭하면서도 자기 분야에서 성공한 사람, 그러면서도 청춘들에게 친절한 사람을 주위에서 찾기는 정말 어렵다. 그들이 여러분의 멘토가 되려면 정말 큰 행운이 따라주어야 한다. 그들을 찾아가서 한 번 만날 수는 있겠지만 언제든지 찾아갈 수 있는 사람은 아니다.

멘토는 모든 면에서 자신보다 월등한 사람이라고 생각하는데 꼭 그렇게 한정할 필요는 없다고 생각한다. 어떤 의미에서 멘토는 내가 보지 못하는 것을 보는 사람이다. 나와 사물과 문제를 보는 방식이 다른 사람이다. 모든 방면에서 훌륭한 사람을 찾기보다 어떤 부분에서 나보다 식견이 나은 사람, 나와 다른 시각을 가진 사람을 찾아보라. 그의 장점을 멘토로 삼아보라는 말이다. 내 단점을 보완해줄 수 있는 사람이라면 멘토가 되기에 부족함이 없을 것이다.

자기 말을 잘 들어주는 사람도 멘토가 되기에 충분하다. 우리가 갈등할 때를 보면 거의 두 가지 중 하나를 선택해야 할 때다. 서너 가지 중 하나를 선택해야 하는 경우는 드물다. 그럴 때, 사실은 우리는 이미 답을 가지고 있다. 여러분이 무엇에 대해, 무슨 이유로 갈등하는지 충분히 들어준다면 상황은 단순해지고 선택할 수 있는 용기를 갖게 될 것이다.

예의 바르게 조언을 구하는 사람에게 냉정하게 대하는 사람은 드물다. 오히려 좋아하는 사람이 더 많다. 그러니 도움을 요청하는 일을 두려워하지 않아도 된다. 안다고 생각하는 것도 다시 여쭈어서 점검을 하고 모르는 문제는 재차 설명을 부탁드려서 확실하게 자기 것으로 해야 한다.

그래서 평소 멘토에게 밥을 사야 한다. 멘토는 대부분 자신보다 나이가 많기 마련이다. 주머니 사정도 여러분보다 풍족할 것이다. 그럼에도 불구하고 밥을 산다면 그들은 자신의 가치를 인정받는 것이기 때문에 진심으로 여러분을 도와주려 할 것이다. 그리고 필요할 때만 찾아오는 사람은 누구라도 만나고 싶지 않다.

멘토는 그냥 나타나는 사람이 아니라 여러분이 적극적으로 찾아나서야 하는 사람이다. 그에 대한 기준을 너무 까다롭게 하면 평생 멘토를 만나지 못한다. 많고 적음의 문제일 뿐 누구나 장점을 갖고 있다. 그 장점의 도움을 얻고자 하는 것이지 인생과 사업 모든 부분에서 지도편달 해줄 사람을 찾으려 해서는 안 된다. 지금 핸드폰의 전화번호부를 뒤져보라.

9

원하는 사람이
되어라
매일 신뢰 쌓기

　　　　　　　　　　여기, 여러분의 사업 파트너가 있다. 어떤 사람이면 좋을까? 우선 능력이 있어야 한다. 그래야 그의 능력과 여러분의 능력이 만나 상승작용을 일으킬 수 있다. 성실해야 한다. 능력이 있더라도 성실하지 않으면 무능한 것이나 마찬가지다. 자신의 최선을 끌어내지 않을 것이므로 최선의 결과를 만들어낼 수 없다. 때로는 희생할 줄 알아야 한다. 조금도 손해 보지 않겠다는 생각을 가진 사람이라면 사사건건 부딪힐 것이다. 여러분이 그런 것처럼 자기 이익만이 아니라 상대방의 이익, 회사의 이익을 위해 자기를 희생하기도 해야 한다. 책임감이 강하고 약속을 잘 지켜야 한다. 늘 핑계를 대면서 책임을 회피하고 약속을 어긴다면 함께 사업을 도모하기 어렵다. 이왕이면 사적으로도 좋은 친구, 선배, 후배가 되었으면 좋겠다. 가끔 술 한잔하면서 사업뿐 아니라 인생도 함께 논할 수 있으면 금상첨화다.

　　이 정도라면 누구나 자신의 파트너로 삼고 싶을 것이다. 현재 상황이 여

의치 않으면 '나중에라도 꼭 함께 사업을 도모해보고 싶은 사람'으로 점찍어 둘 것이다. 그런데 어떤 사람이 어떤 능력을 갖고 있고 어떤 품성을 갖고 있는지는 짧은 기간에는 알 수 없다. 긴 시간 동안 교류해봐야 안다. 그러면서 같이 술도 마셔보고, 작으나마 같은 프로젝트를 공동으로 해보고, 여러 주제를 놓고 대화도 해봐야 한다. 내가 곤란한 상황에 처했을 때, 함께 곤란한 상황에 처했을 때 어떻게 대처하는지도 봐야 한다. 몇 만 원 정도 빌리고 빌려주기도 해봐야 한다.

그런 시간이 지나야 능력은 출중하지만 돈 관계에서는 그다지 신뢰할 만하지 못하다, 성실하고 책임감은 강하지만 그에 비해 능력은 좀 떨어지는 편이다, 친구로서는 그럴 수 없이 좋지만 사업 파트너로서는 별로다 등 그 사람의 어떤 부분을 신뢰해야 하는지 알게 된다. 능력은 신뢰하지만 돈과 관련해서는 신뢰하지 못할 사람이 있고 능력은 좀 떨어지지만 돈 관계는 확실한 사람도 있다.

이제 시각을 돌려보자. 자금과 아이디어를 가진 학교 선배가 있다. 그는 함께 일할 사람을 찾고 있다. 수소문으로 사람을 찾던 중에 여러분의 학교 동기에게 사람을 소개시켜달라는 부탁을 했다. 그 동기가 가장 먼저 떠올릴 사람은 누구인가? 여러분은 누군가의 파트너가 되기에 충분한가?

여러분이 동기의 추천을 받는다면 선배는 그 이유를 물을 것이다. 그러면 과거에 있었던 어떤 일에서 여러분이 보여준 모습을 근거로 설명을 할 것이다. 반대의 경우면 어떨까? 선배가 이미 여러분을 알고 있다. 그래서 '누구는 어때?'라고 동기에게 묻는다. 그 동기는 여러분에 대해 어떻게 말할까? '나랑 친하지만 사업적으로는 잘 모르겠어요, 친하지는 않지만 믿고 따르는 후배들이 많아요, 절대 같이 하지 마세요, 좀 느리지만 일 처리는 확실해요, 최고의 인재를 얻는 거예요.'라고 말할 수도 있다.

한 사람의 현재는 그 사람의 과거에 의해 평가받는다. 지금까지 어떤 과거를 만들어왔고 과거가 될 현재는 어떻게 살고 있는가? 사람에 대한 신뢰는 하루아침에 형성되지 않는다. 신뢰가 깨지는 건 한순간이지만 누군가의 믿음을 얻으려면 시간이 필요하다. 급박한 순간에서 '믿어 달라'고 말하는 건 그동안 믿지 못할 만한 행동을 했다는 뜻이다. 그러니 평소부터 신뢰를 쌓아야 한다. 여러분이 신뢰할 만한 사람을 원하듯 상대방도 믿음직한 여러분을 원한다. 여러분이 타인에게 원하는 것을 스스로 행동으로 옮긴다면 든든한 지원군을 많이 만나게 될 것이다.

10

영향력 있는
인물이 되라   <u>스마트 커뮤니케이션으로 소통하기</u>

볼레 크리에이티브는 창업한 지 1년이 지나기 전에 투자를 받기 시작했다. 투자를 유치하기 위해 발 벗고 뛰어다닌 결과가 아니다. 투자자 쪽에서 먼저 제안하고 내가 수락해서 성사된 투자였다. 가깝게는 오큘러스가 페이스북에 팔린 덕분이고, 멀게는 반대를 무릅쓰고 게임회사를 선택했기 때문이다. 그리고 페이스북에서 나온 후, 창업을 한 이후에도 강의 요청을 거절하지 않았기 때문이다.

공동창업자들을 만난 것도 그렇다. 게임업계의 대기업에서 일하던 그들이 왜 스타트업 기업으로 왔을까? 가상현실이라는 새로운 도전에 끌렸을 수도 있고, 나처럼 대기업이 체질에 맞지 않았을 수도 있다. 그래도 기본 콘셉트만 있고 아무것도 준비되어 있지 않은, 아직 사업자등록도 하지 않은 기업에서 함께하리라고 마음먹을 수 있었던 데는 나의 인지도가 큰 영향을 미쳤으리라 생각한다.

만약 나 혼자 가상현실의 미래를 보고 창업을 했다면 어땠을까? 공동창업자들은 나를 만나주지도 않았을 것이다. 투자자들 역시 마찬가지다. 내가 투자자라도 자금을 맡기지 않을 것 같다. 내가 해온 선택들이 투자자에게 믿음을 주었고 내가 가상현실이라는 키워드로 유명해졌기 때문에 가능한 일이었다.

마크 저커버그라면, 빌 게이츠라면 나보다 훨씬 더 빨리, 훨씬 더 큰 규모의 투자를 받았을 것이다. 그들이 나보다 훨씬 더 사업적 신뢰를 받고 있으며 훨씬 더 유명하기 때문이다. 이는 곧 영향력을 의미하는 것이다. 공무원도 아닌 연예인을 공인이라고 하는 이유도 그 유명세가 가지는 영향력 때문이다. 많은 사람의 주목을 받으면 행동의 제약도 많지만 다른 사람보다 쉽게 하고자 하는 일을 할 수 있다.

여러분은 연예인도 아니고 아직 사업가도 아니지만 얼마든지 영향력을 키울 수 있다. 산골 오지에 있어도 인터넷에 접속만 되어 있으면 가능성은 얼마든지 열려 있다.

최근 들어 MCN^{Multi Channel Network}이라는 1인 미디어 방송이 활성화되고 있다. 전통적인 미디어와는 달리 1명이 가진 콘텐츠로 영향력을 행사한다. 유튜브^{YouTube}와 아프리카TV와 같은 미디어 환경이 등장했기 때문이다. 페이스북도 라이브라는 기능을 추가해 스마트폰을 갖고 있는 사람이라면 누구나 1인 미디어 시대의 주인공이 될 수 있다. 이밖에도 카카오스토리, 네이버 밴드

등 다양한 개인 블로그를 통해 자신의 생각을 자유롭게 공유할 수 있는 플랫폼들이 많아졌다. 평소에 자신이 가지고 있는 아이디어를 공유하고 동참할 수 있는 커뮤니티를 직접 운영해보는 것도 사업의 초석을 마련하는 데 좋은 방안이 될 수 있다.

인터넷의 파급력은 놀랍다. 과거에는 도저히 연결될 수 없었던 사람들을 연결시키고 친구가 되게도 한다. 파워블로거가 글을 하나 올리면 순식간에 퍼져나가고 핵심을 찌르는 트윗이 더 빨리 세상으로 퍼져나간다. 네트워크는 마법처럼 문제를 해결하는 힘을 갖고 있기도 하다.

하지만 기막힌 블로그 하나, 환상적인 트윗 하나, 감동적인 유튜브 동영상 하나가 네트워크의 마법을 보여주지는 않는다. 전혀 없다고는 못 해도 거의 일어나지 않는 일이다. 하루아침에 유명해진 것 같은 블로거도 실은 몇 년 동안 꾸준히 글을 올린 사람이다. 이들은 무관심의 고통을 버텨내면서 하루하루 자기를 수련해온 사람들이다. 그런 내공이 쌓이고 쌓여 폭발력을 가지게 되는 것이다.

언제나 시작은 미약하다. 짧은 문장 하나로 시작되며 한 장의 사진으로 시작되며 녹화 버튼을 누르는 것으로 시작된다. 그 작은 시작이 네트워크 속에서 어떤 방식으로 성장할지는 아무도 모른다.

그건 내 인생이 아니다

2016년 11월 14일 초판 1쇄 발행
2017년 8월 31일 초판 6쇄 발행
—
지은이 | 서동일
펴낸이 | 김남길
—
펴낸곳 | 프레너미
등록번호 | 제387-251002015000054호
등록일자 | 2015년 6월 22일
주소 | 경기도 부천시 원미구 계남로 144, 532동 1301호
전화 | 070-8817-5359
팩스 | 02-6919-1444
—

프레너미는 친구를 뜻하는 "프렌드(friend)"와 적(敵)을 의미하는 "에너미(enemy)"를 결합해 만든 말입니다. 급변하는 세상속에서 저자, 출판사 그리고 콘텐츠를 만들고 소비하는 모든 주체가 서로 협업하고 공유하고 경쟁해야 한다는 뜻을 가지고 있습니다.
프레너미는 독자를 위한 책, 독자가 원하는 책, 독자가 읽으면 유익한 책을 만듭니다.
프레너미는 독자 여러분의 책에 관한 제안, 의견, 원고를 소중히 생각합니다. 다양한 제안이나 원고를 책으로 엮기 원하시는 분은 frenemy01@naver.com으로 보내주세요. 원고가 책으로 엮이고 독자에게 알려져 빛날 수 있게 되기를 희망합니다.